Inhaltsverzeichnis

Willkommensgruß 5

Was können Kinder? 7

Vorgeburtliche Erfahrungen im Mutterleib ..8

Die Entwicklung im 1. Lebensjahr 9
Emotionale und soziale Entwicklung 10
Motorische Entwicklung 12
Kognitive Entwicklung 14

Die Entwicklung im 2. Lebensjahr 17
Emotionale und soziale Entwicklung 17
Motorische Entwicklung 19
Kognitive Entwicklung 19

Die Entwicklung des Kindes im 3. Lebensjahr 20
Emotionale und soziale Entwicklung 20
Motorische Entwicklung 20
Kognitive Entwicklung 21

Die Entwicklung auf einen Blick 22

Was wollen Kinder? 24

Kinder wollen ... .25
Kinder brauchen ... .27
Begleitung im 1. Lebensjahr 27
Begleitung im 2. Lebensjahr 28
Begleitung im 3. Lebensjahr 29

Was bieten wir an? 30

Vertrauen – Sicherheit – Gemeinsamkeit ...31

> **1. Bildungsbereich**
> personale und soziale Entwicklung,
> Werteerziehung/religiöse Bildung

Gemeinsam spielen von Anfang an 32
• Spiele, die Sicherheit und
  Geborgenheit vermitteln 33
• Spaßspiele mit den Kleinsten 35
• Erste „Abenteuerspiele" für die Kleinsten ..37
• Spielplatz Spieldecke 37
Gemeinsam spielen – alle tun das Gleiche 38
• Gemeinsame Spiele drinnen 40
• Gemeinsame Spiele draußen 43
Gemeinsam spielen – spielerisch kooperieren ..44
Gemeinsam spielen – drinnen 45
Gemeinsam spielen – draußen 47

Körpererfahrung – Bewegungsvielfalt 49

> **2. Bildungsbereich:**
> „Körper, Bewegung, Gesundheit"

Spiele rund ums Wohlbefinden 50
Spiele bei der Körperpflege 50
Bewegungsspiele 51
Greif- und Hantierspiele 52
Spielgeräte zur vestibulären Anregung 53
In Bewegung kommen – Balance halten 54
Drehen, rollen, robben, krabbeln 54
Greif- und Hantierspiele 55
Laufen, laufen, laufen ... – machen lassen ...56
Bewegungsspiele 56
Zeit geben – selber machen lassen 58
Rennen, klettern, balancieren – machen lassen .59
Bewegungsspiele 59
Machen lassen 60

**Zuhören – Sprechen –
Sich zum Ausdruck bringen** 61

3. Bildungsbereich
„Sprache, Schrift, Kommunikation"

Nichtsprachliche Kommunikation –
Lautspielereien .62
Mit der Sprache spielen – Sprachspiele 65
Mit der Sprache umgehen – sich ausdrücken . .67

Musik & Rhythmus – Fantasie & Kreativität 68

4. Bildungsbereich:
Musische Bildung/Umgang mit Medien

Musik und Rhythmus von Anfang an 69
Töne fühlbar machen 69
Erster Umgang mit Musik- und
Rhythmusinstrumenten 71
Musik und Spiel – Spiellieder 72
Musik Spiel und Tanz – Bewegungs- und
Tanzlieder 74
Spuren hinterlassen – freie Kunst von Anfang an .76
Kritzeln, kneten, formen – gestalterisches Tun . 78
Malen, schneiden, kleben – gestalterisches Tun .79

Wahrnehmen – Erforschen – Zuordnen 80

5. Bildungsbereich:
Mathematik, Naturwissenschaft, Technik

Die Sinne wach kitzeln von Anfang an 81
Somatische und taktile Wahrnehmung 81
Vestibuläre Wahrnehmung 83
Visuelle Wahrnehmung 83
Akustovibratorische und akustische
Wahrnehmung 84
Vergleichen – sortieren – zuordnen 85
Beobachten – untersuchen – entwickeln 87
Phänomen: Sonne und Licht 88
Phänomen: Wetter 89
Phänomen: Wasser 90
Thema: Pflanzen .92
Thema: Tiere 93
Unser Körper 95
Erfassen, bauen, konstruieren 96

Natur entdecken – Umwelt erfahren 97

6. Bildungsbereich:
„Natur und kulturelle Umwelten"

Natur erleben 98
Umwelten erfahren 101
Wohlfühlräume 101
Bildungsräume 102

Wie machen wir das? 106

Methodische Prinzipien 107
**Wie Erwachsene zu aktiven
MitspielerInnen werden** 109
**Konzeptionelle Überlegungen für eine
Einrichtung „Frühe Bildung"** 112
Aufnahmealter 112
Eingewöhnungszeit 113
Anforderungen an Bezugspersonen für
Kinder unter drei 115
Personalschlüssel 115
Tagesstruktur – Zeitgestaltung 116
Zeit für Eltern – Elternarbeit 120
Portfolioarbeit – das Tagebuch 120

Anhang 121

**Alphabetisches Register der Spiel-
und Bildungsangebote** 121
Literaturhinweise 124
Zur Autorin 124

WILLKOMMENSGRUSS

Die ersten Jahre im Leben eines Menschen legen den Grundstein für sein weiteres Leben und Lernen. In den ersten Jahren entscheidet das Kind, ob es angenommen ist von der Welt – ob es geliebt wird so, wie es ist. Hat das Kind diese erste Entscheidung getroffen, wird es Schritt für Schritt die Welt erkunden, immer Neues erfahren und in seine Persönlichkeit integrieren – wir sprechen von Lernen. Während dieses Lernprozesses ist der Mensch nicht passiv wie ein unbeschriebenes Blatt, sondern auf diesem Lernweg gestaltet der Mensch auch immer seine Umwelt und Beziehungen zu anderen Menschen. Es ist ein Dialog, ein Einatmen und Ausatmen, ein Geben und Nehmen. Von uns Erwachsenen werden Liebe und Fachkompetenz gefordert, Kinder auf ihrem Lebensweg und Erkenntnisprozess zu begleiten und sie in ihrer Welterkundung zu unterstützen, wo immer dies notwendig ist. Dazu gehört eine Wachsamkeit und Achtsamkeit den Kindern gegenüber, um immer zu spüren, was sie brauchen!

Ein wichtiger Hinweis sei mir schon hier am Anfang erlaubt: In den ersten Jahren ist der kleine Mensch bedingungslos auf die aufmerksame Zuwendung anderer Menschen insbesondere auf Eltern und andere Betreuungspersonen angewiesen. Deshalb ruht auf deren Schultern eine große Verantwortung. Drum gleich zu Anfang einen Rat an Eltern und kompetente Fachleute: Vertrauen Sie auf Ihre persönliche Intuition, hören Sie auf Ihr inneres Kind. Erinnern Sie sich, was gut und richtig ist, anstatt sich ständig von neuen Ratgebern verunsichern zu lassen. Der beste Wegweiser sind eigene Gefühle. Vertrauen Sie der eigenen Wahrnehmung und den Kindern, die Sie begleiten. Denn, Vertrauen ist der Anfang von allem!

Dieses Buch widme ich
- meinen beiden Töchtern, Marlene, heute 18, und Lotte, heute 24, die beide so wunderbar sind. Mit zu verdanken habe ich das Jean Liedloff, deren Buch mir zur Geburt des ersten Kindes in die Hände fiel und mir von Anfang an das Selbstvertrauen und die Sicherheit gab, die Kinder nach eigener Intuition und im Glauben, immer das Richtige zu tun, auf ihrem Weg zu begleiten.
- Weiter danke ich Karin von Hagen, Diplom Kulturpädagogin in einem Kindermuseum in Berlin, die mir am Ende eines Gesprächs über Kitas und die Frage, ob es sinnvoll sei, Kinder unter drei schon in eine Einrichtung zu geben, eröffnete, dass sie bereits mit 9 Wochen in die Kita kam. Ich schreibe dieses Buch, dass alle Eltern, BetreuerInnen und BegleiterInnen von Kindern eine so gute, brillante Arbeit leisten, so viel Mut, Liebe und Verantwortung aufbringen, dass alle Kinder so wunderbare Menschen werden, wie zum Beispiel diese Frau.

Ich schreibe dieses Buch
- für die Kinder. Ich wünsche mir starke Kinder, kommunikative Kinder, aktiv lernende Kinder, gesunde Kinder, Kinder, die sich sicher und wohl im eigenen Körper fühlen, die Sensibilität für andere entwickeln. Mein Hauptanliegen ist es, die Lust am Leben und Lernen den Kindern mit auf den Weg zu geben.
- für alle Eltern, Tagesmütter, Krabbelgruppen, Krippen und Kindertagesstätten für eine optimale, liebevolle Unterstützung und Begleitung von Kindern unter drei bei ihren wichtigsten Entwicklungsschritten auf dem Weg in die Welt.

Zum Aufbau dieses Buches

Das Buch orientiert sich grundsätzlich an den ureigensten Bedürfnissen der Kinder: Anerkennung und Wohlbefinden zu erfahren, die Welt zu entdecken und zu verstehen, sich selbst zum Ausdruck zu bringen und mit anderen zu leben.
Um Kinder dabei fachkompetent optimal in ihrer Entwicklung zu unterstützen, geht das Buch in vier Schritten vor:

- Die erste Frage, die wir uns stellen, ist: **„Was können die Kinder?"** im jeweiligen Alter. Wir können nur an den Kompetenzen der Kinder ansetzen. Lernen passiert nur, wo ein Lerninteresse, eine Motivation da ist.

    Bilden kann der Mensch sich nur selbst.

    Dienlich ist uns bei dieser Frage die Entwicklungspsychologie, sie gibt uns einen ersten Rahmen, eine gewisse Sicherheit. Ansonsten ist es unsere Aufgabe, zu sehen, was die Kinder eigenantriebig machen, hierin finden wir den Schlüssel zu ihren Fähigkeiten, finden heraus, was sie wirklich interessiert.

- Die nächste Frage, die sich uns stellt, ist: **„Was brauchen die Kinder?"** für eine gesunde Entwicklung. Denn erst wenn alle Grundbedürfnisse gestillt sind, wenn die Kinder sich sicher und geborgen, körperlich und seelisch wohlfühlen, wenden sie sich der Welt zu, um diese spielerisch zu erkunden. Dabei muss die Umwelt auch als anregendes Lernfeld gestaltet sein, das den Bedürfnissen der Kinder entgegenkommt. Meldet sich beim Kind ein Grundbedürfnis, so hat das immer Vorrang, will gestillt sein!

- Die dritte Frage, die sich uns stellt, ist die Frage: **„Was bieten wir den Kindern an?"** Wir brauchen einen Sack voller guter Spielideen, in denen die Kinder sich ganz bedürfnisorientiert ausleben können, mit Spaß und Freude. Das sind Spielangebote und gleichzeitig immer auch Bildungsangebote, weil ein Kind spielend lernt, nicht anders. Je mehr Sinneskanäle im Spiel angesprochen werden, umso mehr setzt sich das Erfahrene als ganzheitliches Erlebnis im Gehirn fest. Mit diesem ganzheitlichen Spielansatz unterstützen wir die Kinder spielend in der sozialen und emotionalen Entwicklung, in der motorischen Entwicklung, der kognitiven Entwicklung, in der Wahrnehmung, dem Denken der Sprache und Kommunikation. Hilfreich ist uns hierbei der „Orientierungsplan für Frühe Bildung für Kindertagesstätten" für diese Altersgruppe, damit wir alle Aspekte bedacht haben.

- Bleibt zum Schluss noch die Frage nach dem **„Wie machen wir das?"** Sie gibt uns noch mal grundsätzlich Antworten auf Methodik, Raumgestaltung und Materialangebote.

WAS KÖNNEN KINDER?

Da wir an den Kompetenzen der Kinder ansetzen wollen – denn nur da machen Angebote für Kinder Sinn – schauen wir uns zunächst an, welche Kompetenzen die Kinder im jeweiligen Alter haben. So fällt es uns leichter, ihre Bedürfnisse zu verstehen und ihre Eigenaktivitäten und damit verbundenen Lernleistungen zu schätzen.

Vorgeburtliche Erfahrungen

Es ist wichtig, die vorgeburtlichen Erfahrungen der Kinder miteinzubeziehen, denn mit diesen Vorerfahrungen kommen sie auf die Welt, an diese Vorerfahrungen können und müssen wir anknüpfen. Erstens erlebt das Kind dann die Bedingungen innen und außen als eine Kontinuität ohne Brüche. Zweitens liegt genau hier das Lernbedürfnis der Kinder, da bei einer kontinuierlichen Entwicklung Erfahrungen aufeinander aufbauen!

Die vorgeburtlichen Erfahrungen lassen sich in verschiedene Wahrnehmungsbereiche unterteilen, wobei die wichtigsten die sogenannten „frühen Wahrnehmungsbereiche" sind.

- **Erfahrungen im vestibulären Bereich**
  Im Mutterleib wird das noch Ungeborene getragen, gewiegt, geschaukelt. Dadurch wird einerseits der Gleichgewichtssinn, das Vestibulärsystem geschult, andererseits „wiegt sich das Kind in Sicherheit". Getragen werden ist ein Urbedürfnis des Menschen. Dieses gibt uns sichere Hinweise darauf, dass das Kind auch nach der Geburt getragen und gewiegt sein will, um sich angenommen und „richtig" zu fühlen – das ist kein Ammenmärchen! Auch wir Erwachsene genießen Anregungen im vestibulären Bereich, denken wir beispielsweise an einen Wiener Walzer im Dreivierteltakt.
  (➤ Bildungsangebote im emotionalen Bereich S. 31f Körper, Bewegung Gesundheit S. 49f)

- **Erfahrungen im somatischen Bereich**
  Der somatische Bereich betrifft die Körperoberfläche – Erfahrungen in diesem Bereich differenzieren später den Tastsinn aus. Das Kind empfindet im Mutterleib das warme Fruchtwasser und Berührungen von außen. Wir Erwachsenen schätzen und genießen alle Formen des sogenannten Wellnessbereiches: angenehme Bäder, Massagen usw. Dies gibt uns sichere Hinweise darauf, dass der Säugling Körperkontakt, Berührungen und warme Bäder für seine Entwicklung braucht. Der Bereich der Körperpflege dient also nicht allein der Sauberkeit, sondern ebenso der emotionalen Zuwendung.
  (➤ Bildungsangebote im Bildungsbereich „Körper, Bewegung, Gesundheit" ab S. 49)

- **Erfahrungen im akustovibratorischen Bereich**
  Das Kind macht seine ersten Hörerfahrungen bereits im Mutterleib auf eine ganzheitliche Art. Die Schwingungen des Fruchtwassers übertragen Geräusche im Mutterleib wie die Stimme der Mutter, Darm- und Herzschlaggeräusche aber auch Geräusche von außen. Wir wissen, dass das ungeborene Kind auf extreme Frequenzen und Rhythmus, der schneller als das Herzschlaggeräusch ist, mit Stress reagiert. Nach der Geburt bildet sich dann das isolierte Hören über das Ohr aus. Diese vorgeburtliche Erfahrung gibt uns sichere Hinweise darauf, dass der Säugling die Stimme der Mutter liebt, sowie gesummte Wiegenlieder. Auch sind ihm einfache, immer wiederkehrende Melodien, angenehm, deren Frequenz und Rhythmus nicht so stressig sind, Spieluhren und Entspannungsmusik sorgen für Erholung und Beruhigung beim Kind.
  (➤ Bildungsangebote im Bildungsbereich „Musische Bildung/Umgang mit Medien" S. 68ff)

- **Erfahrungen im visuellen Bereich**
  Ausgehend von der Annahme, dass das Kind sogar ein rötliches Licht durch die Bauchdecke wahrnimmt, können wir davon ausgehen, dass Säuglinge warme Töne als angenehm empfinden. Das gibt uns Hinweise auf die Farbgestaltung von Räumen und Dingen.
  (➤ Bildungsräume S. 102f, Anregungen in den frühen Wahrnehmungsbereichen S. 81f)

Die Entwicklung im 1. Lebensjahr

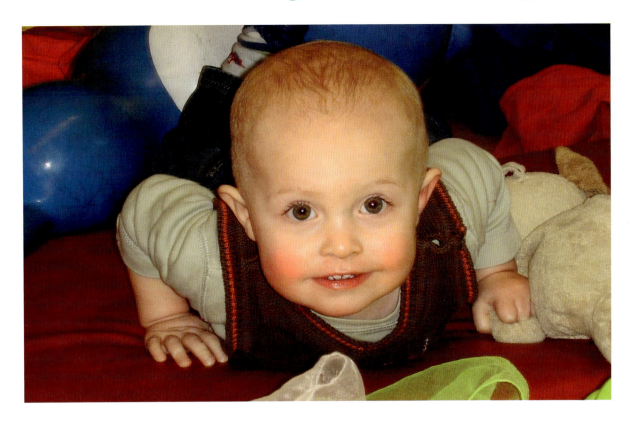

Das erste Lebensjahr ist entscheidend für die weitere Entwicklung des Menschen.

Im ersten Jahr entwickelt sich beim Kind das sogenannte **Urvertrauen**. Was heißt das? Im Mutterleib erlebt sich das Kind als Einheit mit seiner Umgebung. Es wird versorgt, es darf wachsen, sich bewegen. Es nimmt Geräusche und Bewegungen der Mutter wahr, alles ist richtig, wie es ist. Mit der Geburt wird es von dieser Ureinheit erstmal getrennt. Es hat das Bedürfnis nach Aufrechterhaltung der Geborgenheit, Versorgung, nach der menschlichen Stimme und Wärme, alleine käme es nicht zurecht. Mit dem Gefühl des Angenommenseins kann sich das Kind weiter als Einheit mit der Mutter – mit der Welt – erleben.

Ein Säugling kann auf seine Bedürfnisse aufmerksam machen.

Wichtig ist von daher, die Signale des Kindes zu verstehen. Kein Kind weint ohne Grund. Entweder hat das Kind Hunger, die Windel fühlt sich unangenehm an, es sucht Nähe oder es plagen ihn Blähungen. Eltern verstehen die Signale ihres Kindes und werden ihm helfen, wann immer es seine Eltern ruft.

Entscheidend zum Urvertrauen des Kindes trägt das Vertrauen der Eltern in ihre eigene Fähigkeit, das Richtige zu tun, bei.

Für Kinder ist die Welt in Ordnung, so wie sie ist. Jean Liedloff (➤ vgl. Literaturhinweis im Anhang) prägte den Begriff des „Kontinuums" für dieses Urgefühl – die allgemeine Literatur bezeichnet es als Urvertrauen.

Alle Bereiche der Entwicklung sind auf vielfältige Weise miteinander verknüpft – sie beeinflussen und bedingen sich gegenseitig. Zum Beispiel ist die selbstständige Fortbewegung im Raum Auslöser für umfangreiche Veränderungen und Fortschritte im sozial-emotionalen Bereich sowie in der Entwicklung der Wahrnehmung und des Denkens. Durch das selbstständige Fortbewegen siegen erstmals die Neugierde und der Forschergeist über das Bedürfnis nach Sicherheit in der Nähe von seinen Bezugspersonen. Das Kind sucht immer wieder Blickkontakt und zieht aus dem Gesichtsausdruck seiner Bezugspersonen Rückschlüsse darüber, wie seine Situation einzuschätzen ist.

Kinder wollen in die Welt wachsen, die um sie herum ist, es ist ihre Welt.

Die besten Eltern sind dabei jene, die sich selbst weiterentwickeln, ihre Bedürfnisse leben und selbst glücklich sind.
Kinder wollen ihren Eltern folgen. Dazu brauchen sich Eltern nicht verbiegen, sie leben dem Kind die Welt vor. Die Eltern können dabei auf sich vertrauen, ganz nach ihrem Gefühl gehen, denn die Kinder wurden ihnen geschenkt. Ein Kind, das aktive unternehmungslustige Eltern hat, wird die Lebensentscheidung treffen, dass es Glück bringend ist, selbst aktiv zu sein.

Emotionale und soziale Entwicklung

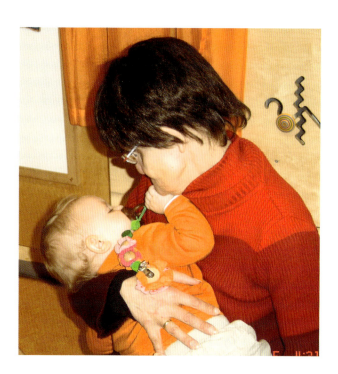

In den ersten Lebenswochen ist das Baby ganz und gar angewiesen auf die Hilfe seiner Bezugspersonen. Emotional verlangt es ihm nach unmittelbarer Bedürfnisbefriedigung, das erhält es am Leben. Ist jemand da, der ihm diese Bedürfnisse erfüllt, entwickelt es sehr früh das sogenannte **„Urvertrauen"**.
Ab der 4.–6. Woche zeigt das Baby das sogenannte **„Soziale Lächeln"**: Es reagiert mit lächeln, wenn sich ihm ein menschliches Gesicht in 20–30 cm Abstand nähert. Dabei ist für das Baby noch nicht wichtig, wer es ist.
„Soziales Widerlächeln" – als Antwort auf das Lächeln eines Gegenübers – erfolgt ungefähr im Alter von sechs Wochen. Das Baby hat nun verstanden, dass auf sein „Rufen" ein „Antworten" folgt, und kann nun auch auf ein Lächeln mit Lächeln antworten. So entwickelt es eine erste Vorstellung vom Ich. Drum heißt es:

Der Mensch wird nur vom Du zum Ich.

Erst die positive Erfahrung mit anderen gibt Lebenssinn.

Die erste Bindungserfahrung spürt das Baby! Durch viel Körperkontakt, getragen und gewiegt werden, durch das Hören von gesummten Liedern, zärtliche Berührungen über die Haut ... Beim Stillen ist der Kontakt zwischen Mutter und Kind besonders unmittelbar und intensiv.

Das Baby reagiert sensibel auf die Stimmung seiner Umgebung.

So lassen sich bereits Neugeborene vom Weinen anderer Babys anstecken. Sie zeigen aber auch diese „Gefühlsansteckung" bei Freude. Sie bilden also mit ihrer sozialen Umgebung eine emotionale Einheit.

In den ersten Lebensmonaten sind es meist die Eltern, die für die emotionale Regulierung des Kindes sorgen: Sie trösten und beruhigen es, schirmen es vor zu starken Reizen ab und stimulieren es nach seinen Bedürfnissen.
In der zweiten Hälfte des ersten Lebensjahres lernt das Kind, im emotionalen Bereich zwischen „Ich" und „Du" zu differenzieren. Es lächelt jetzt fast nur noch bekannte Gesichter an. Die allgemeine Literatur nennt dieses Phänomen „Fremdeln". Das Kind bevorzugt „Lieblingspersonen".
Ab ca. 8 Monaten reagiert ein Kind deutlich auf Trennungssituationen mit Weinen. Das während eines gesunden Bindungsaufbaus entwickelte Urvertrauen befähigt die Kinder, mehr oder weniger kurzzeitige Trennungen von der Mutter relativ schnell zu bewältigen und andere Bezugspersonen zu akzeptieren, in deren Gegenwart sie sich dann ebenso sicher und geborgen fühlen können. Teddy, Schnuller oder ein Schmusetuch, das während des Bindungsaufbaus beim Kind ist, können helfen die gefühlte Geborgenheit durch Bezugspersonen aufrecht zu erhalten.
Das positive Grundgefühl geht auf die ihm lieb gewordenen dinglichen Begleiter über, man spricht daher von Übergangsobjekten. Sie können dem Kind emotionale Sicherheit vermitteln, können das Kind trösten, wenn *die* Lieblingsperson vorübergehend weggeht und andere Personen sich um das Kind kümmern.

Ab ca. einem halben Jahr freut sich das Kind über erweiterte soziale Kontakte. Wobei dies immer ein emotionales Vorangehen und wieder zurückgehen bedeutet. Das Kind zeigt Mut, anderen zu begegnen, dann zieht es sich wieder zu seinen vertrauten Bezugspersonen zurück, als wolle es wieder „Sicherheit tanken", sich seiner emotionalen Basis vergewissern. So ist zwischen 8 und 12 Monaten oft wieder eine Fremdenangst zu beobachten. Es ist ein Wechselspiel zwischen Mut und Angst Neuem zu begegnen. Hat das Kind seine Urgeborgenheit wieder genossen, ist es bereit, den nächsten Schritt hinaus in die Welt zu anderen Menschen zu tun.

Motorische Entwicklung

Bereits im Mutterleib entwickelt das noch Ungeborene mit ersten Strampelbewegungen seine Grobmotorik. Kommt es auf die Welt, sind seine Bewegungen noch recht unkoordiniert, doch beginnt es vom ersten Tag an, seinen Körper zu erfahren und zu erproben.

Die Bewegungen sind zuerst noch nicht willentlich gesteuert, sondern reflexhafte Reaktionen auf äußerliche Reize. Dazu gehört das Strampeln genauso wie das Fingernuckeln. Diese Übungen nennen wir erste Funktionsspiele.
Neugeborene strampeln gerne auf dem Wickeltisch, genießen die Berührung der Luft mit der Haut. Ein gut gewärmter Raum schützt vor Kälte und Verkrampfung. Die angeborenen Reflexe unterstützen das Kind: Zum Beispiel hilft der Saugreflex bei der Nahrungsaufnahme, der Greifreflex hilft, Dinge in den Händen festzuhalten. Durch Bewegung lernt das Kind seinen Körper kennen und begreift, wie er funktioniert, wie Bewegungen mehr und mehr willentlich steuerbar werden. Bald schon zeigt das Kind erste Anzeichen wachsender Körperkontrolle, z. B. wenn es seinen Kopf nach einem Geräusch dreht.

Bereits mit zwei bis vier Monaten zeigt das Kind eine freudige Erregung, wenn es bemerkt, dass es an seinem Bett befestigtes Spielzeug durch Zappeln in Bewegung setzen kann. Geben diese Spieldinge dabei noch ein Geräusch wie Klingeln oder Rasseln von sich, ist das Kind zusätzlich motiviert, diesen Effekt wieder selbst zu erzeugen.

Günstig ist auch, wenn diese Spieldinge bunt sind, denn das Kind kann leuchtende Farben von der Figur-Grund-Wahrnehmung her besser erkennen. Interessante Objekte im Blickfeld der Kinder (aus Rücken- oder Bauchlage) liefern Bewegungsanreize, die in Reichweite liegenden oder über ihm befestigten Spielgegenstände zu erforschen.
Zwischen dem 2. und 5. Monat kann das Kind selbstständig den Kopf halten und sich von der Seite auf den Rücken drehen.

Selbstständiges Fortbewegen

In der zweiten Hälfte des ersten Lebensjahres entwickelt das Kind die Fähigkeit, sich alleine fortzubewegen. Es lernt, Gegenstände gezielt zu greifen und fallen zu lassen.
Mit durchschnittlich sechs bis acht Monaten ist das Kind aufgrund der Kraftzunahme in der Lage, frei zu sitzen und sein Gleichgewicht zu halten.
Ab etwa acht Monaten beginnen Kinder sich im Raum fortzubewegen. Dabei entwickeln sie ganz unterschiedliche Strategien: Sie rollen, robben, rutschen sitzend die Beine abstoßend. Meistens krabbeln die Kinder eine gewisse Zeit, aber das muss nicht sein – viele lassen diese Bewegungsform aus und können schließlich dennoch wie alle anderen mit 12 bis 18 Monaten laufen.

Beginnendes Laufen

Der große Entwicklungsprozess hin zum aufrechten Gang, das Laufenlernen, vollzieht sich bei allen Kindern unterschiedlich schnell, doch sind immer die gleichen Stufen erkennbar.

- Zuerst beginnen die Kinder, sich an allen möglichen Möbelstücken hochzuziehen. Gelingt ihnen dies, erproben sie das Stehen und Festhalten. So ergreifen sie auch dargereichte Hände oder ziehen sich an Beinen hoch.
- Können sie die Balance halten und sind ihre Muskeln dafür entwickelt, üben sie die ersten Schritte entlang von Gegenständen oder an der Wand entlang. Dabei halten sie sich ein- oder beidhändig.
- Bald fühlt sich das Kind dann auch an der Hand eines Erwachsenen sicher genug seine ersten Schritte im freien Raum zu tun.
- Eine große Herausforderung ist es, sich aus eigener Kraft hochzuziehen und frei zu stehen.

Beim Laufenlernen spielen alle Fähigkeiten aus allen Entwicklungsbereichen zusammen, denn es ist neben der motorischen Leistung auch eine kognitive Leistung die Idee zu haben, das zu tun, und den Willen und die Konzentratration dafür aufzubringen. Gleichzeitig erfordert es Mut und Selbstvertrauen. Zeigen Eltern Überängstlichkeit in diesem Prozess, wirkt sich das hemmend auf die Entwicklung zum Laufen aus.

Kann das Kind dann laufen, erfüllt es dies mit Freude und stärkt sein Selbstbewusstsein. Durch die neue Fortbewegung erweitern sich die Wahrnehmungsmöglichkeiten des Kindes ungemein, was auch der kognitiven Entwicklung zugutekommt. Das Kind gewinnt neue Einsichten über die Raumlage, über sein dreidimensionales Verständnis und die verschiedenen Perspektiven einer Sache. Die Bewegungen – egal ob vorwärts/rückwärts, unten/oben – helfen ihm beim Mathematikverständnis (➤ S. 80) ebenso wie beim späteren Lesenlernen (➤ S. 81).

Feinmotorische Entwicklung

- Um erfolgreich zu greifen, müssen Sehfähigkeit und Hände zusammenarbeiten. Wir sprechen von **Auge-Hand-Koordination**.

Steht am Anfang der Greifreflex, der dem Kind ermöglicht, Dinge aus unmittelbarer Umgebung festzuhalten und taktil zu erfahren, rudert das Kind bald mit den Armen nach Dingen in seiner Umgebung. Durch immerwährende Übung treten etwa mit vier Monaten echte erfolgreiche Greifversuche auf.
Mit zunehmender Reifung der Sehfähigkeit gelingt auch das Greifen besser und schneller.
Mit etwa einem halben Jahr kann das Kind greifen und Gegenstände von einer in die andere Hand wechseln.
Die Tastsinne werden über jedes Materialangebot stimuliert. Auch vor dem Greifen ist der Säugling empfänglich für taktile Reize. Interessant sind alle Gegenstände – besonders aber jene, mit denen Eltern und Geschwister auch hantieren. Je mehr Möglichkeiten, desto besser für die feinmotorische Entwicklung.

- Zu dem Spiel mit den Händen kommt das **taktile Erfahren durch den Mund** dazu. Das Kind führt Spieldinge an den Mund, um sie zu untersuchen. Durch das Saugen ist der Mund besonders sensibilisiert. Wir sprechen von der oralen Phase.
- Im zweiten Lebenshalbjahr gewinnt der **Tastsinn der Hände** mehr und mehr an Bedeutung. Unterschiedliche Materialbeschaffenheiten kitzeln die Sinne in den Händen wach. Erzeugen die Gegenstände beim Hantieren Geräusche, verstärkt sich die Lust, mit ihnen zu hantieren. Augen und Hände arbeiten nach und nach immer besser miteinander.
- Ab ca. acht Monaten kann das Kind den **Pinzettengriff** anwenden. Dabei bilden Zeigefinger und Daumen eine Art Greifzange. Kleine Gegenstände wie Knöpfe, Kieselsteine usw. werden vom Kind bevorzugt aufgenommen. Nun ist es an uns Erwachsenen keine Angst zu haben, dass das Kind diese Teile verschluckt. Geben wir dem Kind das Vertrauen, dass es gut mit kleinen Spieldingen umgeht, gewinnt das Kind auch Sicherheit, dass es alles richtig macht.

Etwa mit einem Jahr beginnt das Kind erste Versuche mit Löffel und Gabel alleine zu essen. Das Kind versucht nun alleine zu trinken, Strümpfe an- und auszuziehen, Schuhe anziehen, Jacke an- und auszuziehen. Wenn wir den Wert erkennen, was das Kind damit alles übt, dann planen wir beim An- und Ausziehen einfach mehr Zeit ein!

Kognitive Entwicklung

Von der ersten Minute seines Lebens an empfängt das Kind durch seine Sinne Informationen über die Welt. Geruchs-, Geschmacks- und Tastempfinden, wie auch der Gehörsinn werden bereits im Mutterleib stimuliert.

Die Wahrnehmung des Kindes bezieht sich in den ersten Monaten in erster Linie auf seinen Körperzustand, so kann es seiner Umgebung deutlich machen, wann es Hunger empfindet, wann es Blähungen plagen, wann die Windel unangenehm nass ist, es friert oder müde ist. Dies kann das Kind mit unterschiedlichen Lautäußerungen zum Ausdruck bringen. Durch Rufen und Antworten finden erste Dialoge mit den Bezugspersonen statt. Dialog findet dabei auf vielen Ebenen statt, – da spielen Stimme, Laute, Berührungen zusammen. Der Mund ist in den ersten Lebensmonaten primäres Organ, um sich und die Dinge der Welt zu erfahren. Mit etwa einem halben Jahr kann das Kind schon Gegenstände und Zusammenhänge erforschen.
Es sucht nach versteckten Gegenständen, indem es ein Tuch wegzieht oder etwas beiseiteschiebt, um an einen Gegenstand zu gelangen. Beliebt ist in dieser Zeit das „Kuckuck-da-Spiel".

Auch in der Sprachentwicklung macht es nun große Fortschritte. Das Kind plappert die ersten Doppelsilben wie ma-ma, pa-pa ...

Das Sehen ist zum Zeitpunkt der Geburt am wenigsten ausgebildet, es entwickelt sich aber erstaunlich schnell zur zentralen Informationsquelle. Neugeborene sehen noch unscharf, sie bevorzugen starke Kontraste und sich bewegende Objekte, darum hängen wir Mobiles über Bettchen oder Wickeltisch auf. Nach ca. vier Monaten ist die Sehschärfe so weit entwickelt, dass die Augen das Greifen unterstützen können. Mit acht Monaten ist dann die Sehfähigkeit voll entwickelt. Menschliche Gesichter sind für das Kind von Anfang an interessant. Ab ca. zwei Monaten erkennt das Kind dann das Gesicht seiner Mutter. Danach beginnt es auch fremde Gesichter zu unterscheiden. Ab einem halben Jahr kann das Kind dann schon den emotionalen Ausdruck im Gesicht erkennen, verstehen und darauf reagieren.

Das Hören ist ebenfalls schon im Mutterleib angebahnt (➤ S. 8), das noch ungeborene Kind nimmt schon Geräusche wahr. Neugeborene wenden bereits ihren Kopf spontan zu einer Geräuschquelle. Besonders reagiert das Kind auf den Klang einer Stimme und auf Musik. Immer wiederkehrende Melodien wirken beruhigend, weil die Ordnung ihm Sicherheit gibt.

Lernen im frühen Kindesalter

Das Zusammenspiel von Motorik und Sinneserfahrung sowie das damit verbundene Lernen im frühen Kindesalter bezeichnete Jean Piaget von null bis zwei Jahren als **sensomotorisches Entwicklungsalter**.

Das Kind bewegt sich,
- dadurch empfängt es immer neue Sinnesreize,
- diese regen es zu vermehrter Bewegung an,
- um an weitere Reize zu gelangen.

Die Wahrnehmung ist dabei die sinngebende **Verarbeitung von Sinnesreizen** im Gehirn. Sobald das Kind eine Sinneserfahrung macht, verknüpfen sich im Gehirn neue Synapsen, das heißt, die neue Erfahrung wird mit schon Gelerntem verbunden. So strukturiert und reift das Gehirn immer weiter.

Grundsätzlich lernt jeder Mensch vom Mutterleib bis ins Greisenalter, wenn er sich mit den Dingen seiner Umwelt und anderen Menschen auseinandersetzt. Das Ergebnis des Lernens schlägt sich als Veränderung im Gehirn, als Gedächtnisspur nieder. Aus neurophysiologischer Sicht reift das Gehirn durch Reizanregung von außen; es kommt bei einem neuen Reiz zur Verknüpfung von Nervenzellen, dies ergibt eine differenzierte Hirnstruktur und führt damit wieder vermehrt zur Fähigkeit der Reizaufnahme. Der Kreis schließt sich und kann durch neue Reizanregung wieder beginnen. Verknüpft wird immer eine neue Erfahrung mit einer schon gemachten Erfahrung. So kann man die Reifung des Gehirns, also das Lernen, tatsächlich sehen: Sind am Anfang noch wenig Gehirnstrukturen verbunden, zeigt sich bereits im ersten Lebensjahr eine immer ausdifferenziertere Hirnstruktur.
Lernt das Kind im ersten Lebensjahr hauptsächlich über Verarbeitung von Sinnesreizen, gewinnt ab ca. 6 Monaten das **Beobachtungslernen** mehr und mehr an Bedeutung. Das Verhalten anderer Menschen rückt ins Zentrum der Aufmerksamkeit. Dies gibt dem Kind wichtige Informationen und Handlungsvorbilder, die es sich durch Beobachtung und Nachahmung aneignet. Von 1 bis 3 Jahren bleibt die Nachahmung die zentrale Lernform. Was einmal gelernt ist, lässt Platz für neues Lernen. So spielen Kinder zum Beispiel „Deckel auf" – hantieren und erkunden dann so lange mit dem Deckel, bis er wieder aufs Töpfchen passt – ihr Spiel heißt dann: „Deckel auf und Deckel wieder zu"!
Dabei entwickeln Kinder zwischen 8 und 12 Monaten unterschiedliche Strategien, die sie anwenden und auf andere Zusammenhänge übertragen, um ihr Ziel zu erreichen. So bedienen sie sich schon physikalischer Phänomene wie z. B. dem Gesetz der Schwerkraft, wenn sie Dinge runterfallen lassen und diesen nachschauen. Sie gewinnen erste Einsichten von Ursache und Wirkung oder Mittel und Zweck, wenn sie beispielsweise eine Decke heranziehen, um an Spielzeug zu gelangen.

Sprache und Kommunikation

Neugeborenen ist die Stimme der Mutter aus dem Mutterleib bekannt und sie lauschen ihrem Klang vom ersten Lebenstag an besonders aufmerksam.

Die ersten eigenen sprachähnlichen Äußerungen bringen Kinder zwischen dem 2. und 3. Lebensmonat zum Ausdruck. Dies sind meist lange vokalische Laute wie „ohhh" und „ahhh", die in der Literatur als Gurren bezeichnet werden. Sie bereiten dem Baby offensichtlich Freude.
Auch diese Sprachspiele gehören zu den Funktionsspielen des Kleinkindes.
- Das Kind unterhält sich selbst mit immer neuen Lautproduktionen. Es schmatzt, quietscht, grunzt und kreischt vor Vergnügen.
- Antworten wir darauf, ist das Baby entzückt und es kommt zu einem wunderbaren „Quatschdialog".

Mit etwa 3 Monaten lacht das Kind erstmals laut auf.

Etwa mit sieben Monaten hat das Kind durch diese „Stimmübungen" motorische Kontrolle über seine Sprechwerkzeuge soweit verbessert, dass es nun Silben aneinanderreihen kann: „babababa" oder „dededede".
Mit diesem Plappern probiert das Kind dann wieder alle Varianten aus, bis es zu wortähnlichen Gebilden gelangt. Nach und nach passt es seinen Wortrhythmus mehr und mehr „seiner" Muttersprache an.

Das spätere „Sprachgefühl" entsteht, wenn vom ersten Tag an emotionale, soziale, kognitive und motorische Aspekte miteinander verknüpft sind:
- Emotional bekommt das Kind positive Gefühle von seiner Umgebung (sozial),
- motorisch entwickelt es die Fähigkeit zum Sprechen und
- kognitiv lernt es den Dingen einen Namen zu geben, Begriffe für Dinge und Zusammenhänge zu bilden und zum Ausdruck zu bringen.

Je besser das Hand in Hand geht, um so feiner wird das „Sprachgefühl".

Die Entwicklung im 2. Lebensjahr

Emotionale und soziale Entwicklung

Im ersten Lebensjahr hat das Kind durch Bewegung und Wahrnehmung seinen Körper erfahren und geschult. Es kennt nun sein Körper-Ich. Durch sein Lernen im ersten Lebensjahr und das dadurch gewonnene Selbstvertrauen nimmt nun deutlich sein Interesse für andere Kinder zu. Es sucht aktiv den Kontakt zu anderen Kindern.

Zu Beginn des zweiten Lebensjahres spielen die Kinder noch nicht kooperierend zusammen, sondern sie halten gemeinsam ihr Spiel aufrecht, indem alle das Gleiche tun. Dieses Nebeneinanderspielen wird als **Parallelspiel** bezeichnet. In der Entwicklung zum sozialen Spiel ist hier der Schritt vom Einzelspiel ohne Gleichaltrige (Funktionsspiele wie z. B. strampeln) zum Parallelspiel getan.

Kinder genießen es nun, wenn jeder das Gleiche tut, beispielsweise sandeln, bauen, Murmeln auf die Klickerbahn zu geben. Größere Kinder werden gerne nachgeahmt.

Stand im ersten Jahr für das Kind die motorische Entwicklung im Vordergrund, die mit dem Laufenlernen gekrönt wurde, steht jetzt durch das Interesse an anderen die **Identitätsentwicklung** als Hauptfach auf dem Stundenplan der Ein- bis Dreijährigen. Um dabei emotionalen Rückhalt zu haben, sind dem Einjährigen Rituale ganz wichtig, egal ob Einschlafrituale, Begrüßungsrituale, Abschiedsrituale, Frühstücksrituale, Baderituale ... Denn: Alles, was geregelt ist, lässt Raum sich auf neue Erfahrungen dazwischen einzulassen.

Jetzt kann es sich auch leichter zeitweise von seinen engsten Bezugspersonen trennen und mit anderen Menschen zusammen sein. Auf dem Weg zur weiteren Ich-Findung stehen nun Fragen wie:
„Was darf ich – darf ich nicht?"
„Was will ich – was wollen andere?"
„Was kann ich durchsetzen – was setzen andere durch?"

Mit etwa anderthalb Jahren kommt es zu ersten dramatischen kurzzeitigen **Gefühlsreaktionen**. Das passiert immer dann, wenn das Kind die Bedürfnisse anderer nicht mehr akzeptieren kann und überfordert ist, zu kooperieren. Die Literatur spricht hier von „Trotzverhalten". Diese Auseinandersetzungen sind äußerst wichtig zur Identitätsentwicklung. Hier spürt das Kind,

- dass es unterschiedliche Bedürfnisse gibt,
- dass es diese zeigen kann,
- dass es auch wütend sein kann, wenn es nicht nach dem eigenen Willen läuft und
- dass es trotzdem geliebt wird.

Es kommt zum sogenannten **Symbiose-Autonomie-Konflikt**, das heißt:
- Einerseits braucht das Kind die emotionale Sicherheit der Bezugspersonen nach wie vor,
- andererseits begibt es sich auf den Weg der Selbstbestimmung.

Auf der anderen Seite kann das Kind nach und nach auch **Mitgefühl für andere** zeigen, es will anderen helfen und sie trösten. Durch die Bindungserfahrung im ersten Lebensjahr kann nun sein eigenes soziales Verständnis wachsen.

Im zweiten Lebensjahr entstehen erste Freundschaften mit Gleichaltrigen oder Älteren. Diese Freundschaften ermöglichen die **Entwicklung sozialer Kompetenzen**.
Die Kinder lernen
- Spielimpulse anderer aufzugreifen,
- andere trösten/sich selbst trösten lassen,
- Besitz verteidigen, aber auch abgeben und teilen,
- Kompromisse eingehen usw.

Erwachsene helfen, wenn Kinder alleine nicht weiterkommen. Mitgefühl und Empathie lernen die Kinder am besten durch das Vorbild von Erwachsenen. Ab einem Alter von 2 Jahren sind Kinder dazu in der Lage, für ein gemeinsames Ziel zu kooperieren. In der Spielentwicklung geht es vom Parallelspiel hin zum sozialen Spiel.

Motorische Entwicklung

Das Kind im zweiten Lebensjahr
- beginnt nun zu klettern, egal ob auf Stühle oder Leitern …
- kann rückwärtsgehen, in die Knie gehen und einen großen Ball kicken …
- wendet im feinmotorischen Bereich sicher den Pinzettengriff an.
- hat Spaß am Aus- und Einräumen (beispielsweise von Bauklötzen), am Aufbauen und Umwerfen, am Herausholen und Hineinstecken.

Mit allen Gegenständen wird ausprobiert und experimentiert.

Zu Beginn des zweiten Lebensjahres kann das Kind Löffel, Haarbürste, Schlüssel im Ansatz funktionell gebrauchen. Das Kind beginnt nun mit einfachem Kleben, Falten und Auffädeln. Auch versucht das Kind jetzt, selbstständig zu essen.
Mit anderthalb Jahren übt ein Kind, sein Brot selbst zu schmieren. Ab zwei Jahren sind Kinder sehr geschickt im Umgang mit Löffel und Gabel.

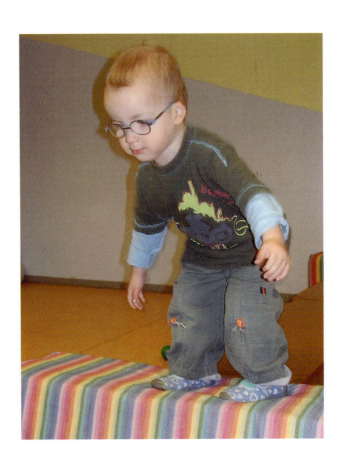

Kognitive Entwicklung

Das Kind lebt nun seine angeborene Neugier in vollen Zügen aus. Es erforscht unermüdlich alle Dinge aus seiner Umgebung, es „steckt seine Nase" in alles hinein.
Dieser Forschergeist ist für die weitere Entwicklung des Kindes von großer Bedeutung.
- Es verfeinert dabei seine motorischen Fähigkeiten,
- erkennt sich selbst in seinem Tun wieder,
- beginnt Zusammenhänge (vor allem Ursache – Wirkung) zu verstehen
- und lernt seine Umwelt kennen.

In der zweiten Hälfte des zweiten Lebensjahres kommt es im kognitiven Bereich zu Handlungen aufgrund innerer Vorstellung (z. B. einen Hocker holen, um an Süßigkeiten zu gelangen). Es beginnt das Fiktionsspiel oder auch „So tun als ob", (z.B. schlafen, essen, …) Im Verlauf des zweiten Lebensjahres kann es Handlungen zuordnen (z.B. „füttert" es eine Puppe).

In der **Sprachentwicklung** beginnt die „aktive Sprache", Kinderwörter wie „Wau-Wau" oder „Brumm" … werden gesprochen. Dann kommt es zur sogenannten „Sprachexplosion", zum Verständnis, dass alles einen Namen hat, und zum Bedürfnis alles zu benennen.
Am Ende des zweiten Lebensjahres werden Zwei- bis Dreiwortsätze gesprochen.

Die Entwicklung im 3. Lebensjahr

Emotionale und soziale Entwicklung

Das kindliche Streben nach Autonomie verstärkt sich und mit ihm der Symbiose-Autonomie-Konflikt. Das Kind sucht und braucht einerseits den elterlichen Schutz, gleichzeitig lehnt es den Schutz auch ab, um autonom zu sein. Die Toleranz der Eltern wird oft auf die Probe gestellt, weil sie, egal was sie tun, nur „das Falsche" tun können.
Zunehmend entwickelt das Kind im Laufe des dritten Lebensjahres ein einheitliches Selbstbild. Das Kind bekommt eine Vorstellung von sich als eigenständiger Person mit Eigenschaften, Empfindungen, Wünschen und Bedürfnissen.
Auch weiß es um die Konstanz elterlicher Anwesenheit und Sicherheit. Angstfreie Trennungen von primären Bezugspersonen sind jetzt möglich. Ein Übergangsobjekt kann dem Kind dabei gute Hilfe leisten (Teddy). Es entwickelt Besorgnis und Mitgefühl für andere sowie helfendes Eingreifen.
Das Kind ist stolz über eigene Leistungen.

Motorische Entwicklung

Im dritten Lebensjahr lernt das Kind sich aus dem Stand umzudrehen, zu rennen und plötzlich anzuhalten. Im Verlauf des dritten Lebensjahres erlernen Kinder unterschiedliche Fortbewegungsarten wie Rennen, Springen, Hopsen, Tanzen, Klettern, Balancieren. In der feinmotorischen Entwicklung kann das Kind nun Rundformen malen.

Kognitive Entwicklung

Sprachentwicklung

Spricht das Kind Ende des zweiten Lebensjahres in Zwei- bis Dreiwortsätzen, geht es jetzt auf Drei- bis Fünfwortsätze über.
Das Kind lernt „ich" zu sagen, statt in dritter Person von sich zu sprechen.

Spielentwicklung

In der Spielentwicklung beginnt das **Symbolspiel**, das Kind hat beispielsweise eine Vorstellung von einem Auto und kann diese auf einen Bauklotz übertragen – der Bauklotz wird im Spiel zum Auto. Auch kann das Kind Tätigkeiten oder erlebte Verhaltensweisen zu einem späteren Zeitpunkt nachahmen, beispielsweise „bügeln" oder „schlafen". Das eröffnet dem Kind ganz neue Möglichkeiten in seinem Spielverhalten. Standen bislang Funktionsspiele im Vordergrund, bei denen das Kind die Funktion des eigenen Körpers oder von Dingen untersuchte, so werden diese nun durch das Symbol- oder Rollenspiel erweitert.
Daraus entwickelt sich das für die Kindheit so zentrale soziale Rollenspiel. Es ist eine Mischung von Nachahmung der Erwachsenenwelt, Nachspielen von Erlebnissen und spielerischem Erproben von sozialen Rollen.

Spielend lernen

Wir wissen, dass Kinder „spielend" lernen!
Schon ab dem Zeitpunkt der Geburt erobern sich Kinder ihre Umwelt spielend, sei es bei ersten Fingerspielen, beim Strampeln auf der Wickelkommode, bei Kuckspielen vom Kinderbettchen zum Mobile ... in der sensumotorischen Entwicklungsphase nimmt das Kind wahr über Bewegung, „begreift" die Welt und erobert sie sich „Schritt für Schritt".

Mit Funktionsspielen (alle Spiele, die mit Motorik zu tun haben), Konstruktionsspielen (alle Spiele, die mit Zusammenfügen von Material zu tun haben), Perzeptionsspielen (allen Spielen, die mit der Wahrnehmung zu tun haben) und Fiktionsspielen (allen Spielen, die mit „so tun als ob" zu tun haben) „schult" das Kind auf spielerische Weise motorische Fähigkeiten, kognitive Fähigkeiten, soziale und emotionale Fähigkeiten.

Am besten lernt der Mensch, wenn möglichst viele Sinne beteiligt sind, dann wird das Gelernte zum Erlebnis und die Erfahrung „setzt" sich.

Spielen und Lernen sind eng miteinander verknüpft. Im freien Spiel sucht das Kind sich seine Spielaufgabe selbst. Spielmotivation, Neugierverhalten, Lern- und Leistungsmotivation hängen eng zusammen. Diese Phänomene zeigen alle jene lustvolle Spannung auf, die über das Spiel ausgebreitet ist, die vom Spielenden als ein wesentlicher Bestandteil und als eine Triebkraft des Spiels offenbar immer wieder gesucht und neu aufgerichtet wird. Im Spiel werden also selbst gestellte Aufgaben freiwillig, eigenantriebig, unter Einsatz aller Kompetenzen gelöst. Hierin steckt ein Motor, der von innen her kommt. Dieser Antrieb von innen wird mit „intrinsischer Motivation" bezeichnet im Gegensatz zu „extrinsischer Motivation" – hierbei kommt der Antrieb von außen in Form von Lob und Anerkennung. Grundsätzlich lernt der Mensch durch intrinsische Motivation schneller, weil hier der Lustfaktor größer ist, als durch Motivation von außen. Ein Trieb ist stärker, als Lob und Anerkennung von außen!

Die Entwicklung auf einen Blick

Alter	emotional/ sozial	motorisch/ feinmotorisch	kognitiv/ sprachlich
Erste Lebenswochen	Das Kind • ist ganz und gar angewiesen auf unmittelbare Bedürfnisbefriedigung durch seine Bezugspersonen, • reagiert mit „Gefühlsansteckung" auf Stimmungen seiner Umgebung, • zeigt Unwohlsein durch Weinen. Entstehung von „Urvertrauen"	Die Bewegungen des Kindes sind reflexartige Reaktionen auf äußerliche Reize (Saugreflex, Greifreflex). Es lernt durch Nuckeln, Festhalten, Strampeln vom ersten Tag an seinen Körper kennen und seine Bewegungen zu koordinieren.	Das Kind empfängt durch seine Sinne Informationen über die Welt. Durch „Rufen" (unterschiedliche Arten von Weinen) und „Antworten" (jeweilige sofortige Bedürfnisbefriedigung durch seine Bezugspersonen) finden erste Dialoge statt. Ab 4.–6. Woche: erstes „soziales Lächeln"
3 Monate	Die Eltern sorgen für emotionale Regulierung, sie trösten und beruhigen, schirmen das Kind vor zu starken Reizen ab.	Das Kind • hebt in Bauchlage sicher den Kopf, • stützt sich auf die Unterarme ab, • kann Spielzeug durch Strampeln in Bewegung setzen.	Das Kind • verfolgt mit den Augen leuchtende, sich bewegende Objekte. • äußert sich mit sprachähnlichen Lauten wie „ohhh" und „ahhh"
6 Monate	Das Kind • beginnt zwischen „Ich" und „Du" zu unterscheiden, • lächelt jetzt fast nur noch bekannte Gesichter an, • bevorzugt „Lieblingspersonen", • freut sich über erweiterte soziale Kontakte.	Das Kind kann • frei sitzen und Balance halten. • Gegenstände gezielt greifen, • Gegenstände von einer in die andere Hand wechseln und fallen lassen.	Beobachtungslernen gewinnt an Bedeutung. Das Kind • kann Gegenstände erforschen, • sucht nach versteckten Gegenständen, • spielt „Kuckuck da", • plappert die ersten Doppelsilben „ma-ma", „pa-pa".
8 Monate	Das Kind • reagiert deutlich auf Trennungssituation von primären Bezugspersonen mit Weinen, • lässt sich durch „Übergangsobjekte" (Teddy, Schmusetuch) von anderen Bezugspersonen trösten.	Das Kind • kann sich durch Drehen, Rollen, Robben, sitzend Rutschen selbstständig fortbewegen, • kann krabbeln (gilt für die meisten Kinder, muss aber nicht unbedingt sein), • beherrscht den Pinzettengriff, bevorzugt kleine Gegenstände wie Knöpfe, Kieselsteine.	Die Sehfähigkeit ist voll entwickelt. Das Kind • entwickelt im Spiel unterschiedliche Strategien, die es anwendet und auf andere Situationen übertragen kann, um sein Ziel zu erreichen. • hantiert motorisch kontrolliert und • reiht im sprachlichen Bereich Silben aneinander: „bababababa"

Alter	emotional/ sozial	motorisch/ feinmotorisch	kognitiv/ sprachlich
12 Monate	Für den emotionalen Rückhalt des Kindes werden Rituale ganz wichtig. Das Kind • will mit anderen Menschen zusammen sein, • sucht Gesellschaft mit anderen Kindern. Seine Identitätsfindung geschieht durch Regulierung eigener und fremder Bedürfnisse mit teilweise heftigen Gefühlsreaktionen – beginnender Symbiose-Autonomie-Konflikt	Das Kind • steht sicher mit festhalten an Wänden und Möbeln • macht erste Schritte an der Wand entlang • kann alleine aus Becher trinken, • versucht mit Löffel und Gabel alleine zu essen, • will Strümpfe, Schuhe und Jacke alleine an- und ausziehen.	Das Kind • lebt Neugierverhalten in vollen Zügen aus, • erforscht unermüdlich alle Dinge aus seiner Umgebung. • erkennt Zusammenhänge (Ursache – Wirkung) • versteht etwa 150 Wörter Erstes Bilderbuch betrachten ist möglich. In der Gruppe Gleichaltriger entwickelt sich das Parallelspiel – alle tun das Gleiche
18 Monate	Das Kind • kann nach und nach Mitgefühl für andere zeigen, • will helfen und trösten. Es entstehen erste Freundschaften.	Das Kind kann frei gehen mit sicherer Gleichgewichtskontrolle.	Das Kind • handelt aufgrund innerer Vorstellung (z. B. Hocker holen, um an Süßigkeiten zu gelangen), • beginnt mit So-tun-als-ob-Spielen („schlafen – essen", Puppe füttern), • beginnt mit aktiver Sprache „Wauwau", „Brumm-brumm" ... es kommt zur „Sprachexplosion", • kann am Ende des 2. Lebensjahres Zwei-, Dreiwortsätze
Im dritten Lebensjahr	Ab einem Alter von 2 Jahren • wird das Kind fähig mit anderen für ein gemeinsames Ziel zu kooperieren, • erfolgt die Spielentwicklung vom Parallelspiel zum sozialen Spiel, • verstärkt sich das Streben nach Autonomie, • werden Trennungen von primären Bezugspersonen angstfrei.	Das Kind • rennt sicher, • umsteuert Hindernisse • lernt springen, rennen, tanzen, klettern, balancieren ... • kann Rundformen malen.	Das Kind • entwickelt eine Vorstellung von sich als eigenständiger Person, • spricht jetzt Drei- bis Fünfwortsätze, • kann „ich" sagen, • beginnt mit dem Symbolspiel, daraus entwickelt sich dann soziales Rollenspiel

WAS WOLLEN KINDER?

Kinder wollen eine Welt, die sie Willkommen heißt.

Kinder wollen Menschen begegnen,
- die sie annehmen und so lieben, wie sie sind.
- die ihr volles Vertrauen in sie setzen und ihnen damit vermitteln: „Du bist genau richtig, so wie du bist!"
- die mit großem Selbstvertrauen handeln, denn das stärkt ihr Vertrauen in die Welt!
- die ihnen Raum geben, sich zu entwickeln und zu entfalten, damit sie freudig in die Welt hinausgehen können, mit der Gewissheit, immer wieder zurückkehren zu können.

Kinder wollen ...

... Anerkennung und Wohlbefinden erfahren

Körperliches und seelisches Wohlbefinden sind grundlegende Bedingungen für die gesunde Entwicklung eines Kindes. Wenn es sich geschützt und geborgen fühlt, wagt es sich in die Welt, wachsendes Selbstvertrauen ermutigt zu weiterem aktiven Handeln. Dieses Phänomen wird ganz deutlich im Spielverhalten der Kinder, das schon im Säuglingsalter zu beobachten ist: Ein Baby unterbricht sein Spiel sofort, wenn es sich nicht sicher und geborgen fühlt, wenn es Hunger hat, die Windel voll ist, die Verdauung oder ein neuer Zahn sich bemerkbar macht.

Erst, wenn die Grunderfordernisse des Lebens erfüllt sind, spielen Kinder – lernen Kinder!

Diese Grunderfordernisse sind die Voraussetzung für die gesunde Entwicklung des Kindes. Kinder wollen Aufmerksamkeit, Beachtung und Zuwendung spüren. Sie wollen ihren Bedürfnissen Ausdruck verleihen und ernst genommen werden.

Dafür brauchen sie Menschen,
- die zuhören und hinschauen,
- die Zeit schenken und ansprechbar sind,
- die verlässlich, fröhlich, freundlich und liebevoll sind,
- die ermutigen,
- die vertraut sind,
- bei denen Gefühle gezeigt werden können,
- die Bedürfnisse erkennen und flexibel sind,
- die mit ihnen spielen, lachen und reden,
- die sie ernst nehmen und verstehen,
- die ganz einfach eine positive Ausstrahlung haben und anregende Impulse geben.

... die Welt entdecken und verstehen

Es ist ein ureigener Drang des Kindes, sich die Welt zu erschließen und seinen Horizont Schritt für Schritt zu erweitern.

Das Kind entdeckt seinen Körper und lernt, ihn zu beherrschen. Indem es seine Umwelt wahrnimmt und beobachtet, gestalterisch verarbeitet, spielerisch erprobt und Zusammenhänge entdeckt, kann es die Welt zunehmend besser begreifen lernen.

Kinder wollen die Umwelt aktiv entdecken und erforschen.

Sie wollen sich Schritt für Schritt die Welt erobern, experimentieren und dadurch verstehen lernen, sie wollen beobachten, imitieren, nachspielen.

Kinder wollen mit all ihren Sinnen aktiv sein.

Sie wollen sich mit fantasievollen und anregenden Materialien auseinandersetzen, sie wollen ihre Fähigkeiten entdecken, sicher werden und ihre eigenen Stärken kennenlernen. Dazu wollen sie Zeit für ihre ganz persönliche Entwicklung haben, sie wollen Raum haben, ihren Horizont zu erweitern. Von uns Erwachsenen wollen sie Impulse bekommen, die zum Hinschauen, Zuhören und Mitmachen auffordern.

Dafür brauchen sie eine Umgebung,
- die ihnen vertraut ist, in der sie sich sicher fühlen, die zum Entdecken, Experimentieren, Hinschauen und Verweilen einlädt,
- die geordnet und übersichtlich ist und nicht zu viele Reize vermittelt, die also sowohl zur Aktivität als auch zum Ausruhen einlädt,
- die ihnen auch Raum und Zeit für Wiederholungen lässt und Möglichkeiten bietet, ihren Aktionsradius zu erweitern.

Dafür braucht es Material,
- das die Sinne weckt,
- das zum Experimentieren, Erforschen und Entdecken einlädt und frei von Schadstoffen ist,
- das die Kommunikationsfreude anregt, neugierig macht und zum Beobachten motiviert,
- das Ähnlichkeiten und Unterschiede erkennen lässt,
- das zum Sortieren, Zuordnen, Zusammenfügen auffordert,
- das die Fantasie weckt und eigene Vorstellungen zulässt.

... sich ausdrücken

Sich ausdrücken können bedeutet Bedürfnisse und Wünsche, Gedanken und Gefühle äußern zu können. Dies kann auf nonverbale, verbale und kreative Art geschehen. Nonverbal meint Gestik, Mimik, verbaler Ausdruck meint das aktive und passive Beherrschen der Muttersprache, kreativ meint durch Musik und Sprache, bildnerisches Gestalten, Tanz und Bewegung.

... mit anderen leben

Als soziales Wesen ist der Mensch auf andere Menschen angewiesen.
In der Gemeinschaft erlebt das Kind Anerkennung und Wertschätzung. Zum Zusammenleben sind Regeln und Absprachen nötig. Sie entstehen in Prozessen und bedürfen der gemeinschaftlichen Akzeptanz. In Ritualen erlebt das Kind Entlastung und Orientierung.
Kinder wollen ganz schlicht immer bei einem anderen Menschen sein! Nach und nach suchen sie Möglichkeiten, mit neuen Menschen Kontakte zu knüpfen ...

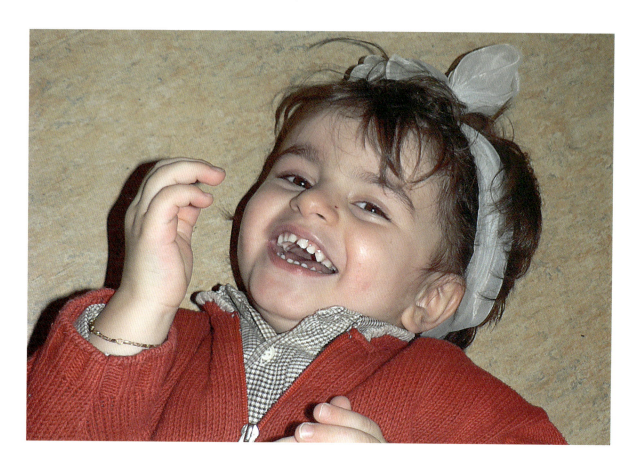

Kinder brauchen ...

Kinder brauchen eine liebevolle Begleitung auf dem Weg in die Welt.

Begleitung im 1. Lebensjahr

Das Kind braucht im ersten Lebensjahr eine sichere, zuverlässige und möglichst sofortige Befriedigung seiner biologischen Bedürfnisse. Die Bezugspersonen lernen vom ersten Tag an, die Bedürfnisse anhand der Lautäußerungen des Babys zu unterscheiden, um bedürfnisorientiert zu reagieren. Forscher haben herausgefunden, dass selbst unerfahrene Eltern die unterschiedlichen Arten des Weinens sicher voneinander unterscheiden können.

Neben der Fähigkeit, die Signale des Kindes richtig zu deuten, gehören auch die Freude an Blick- oder Körperkontakt und spielerischer Kommunikation sowie eine angemessene, aber nicht übertriebene Hilfestellung zu einer einfühlsamen und liebevollen Beziehung zum Kind. Ebenso die sensible Ermunterung aller eigenen Versuche des Kindes, sich eigenständig zu entwickeln, also Unterstützung der Neugierde, der Erfahrungen mit sich selbst und jedes kleinsten Entwicklungsfortschritts.

Positive Bindungserfahrung in frühester Kindheit sind die beste Voraussetzung dafür, dass ein Kind sich sowohl sozial/emotional, als auch in seinem Bewegungs- und Forschungsdrang optimal entwickeln kann.

Eine verlässliche Bindung ist die Basis für angstfreies Spielen, Erforschen und Lernen.

Die Begleitung im ersten Lebensjahr lässt sich wie folgt auf den Punkt bringen:

- Das Baby braucht gefühlvolle Zuwendung, Liebe, Schutz und Geborgenheit, um Urvertrauen zu entwickeln. Das Vertrauen ins Leben wächst langsam. Die bedingungslose Zuwendung durch Mutter/Vater oder eine andere Bezugsperson ist die Voraussetzung für eine sichere Bindung.
- Es braucht Körperkontakt mit seinen Bezugspersonen, um Nähe erleben zu können. Das Tragen des Säuglings, häufiger Blickkontakt und eine liebevolle Ansprache der betreuenden Person sind typische, äußerst wichtige elementare Beziehungsangebote. Schaukelnde Bewegungen erinnern das Kind an die geschützte Zeit im Mutterleib und wirken beruhigend. Immer wiederkehrende, wohltuende Erlebnisse und Erfahrungen stärken im Kind das Gefühl, gehalten und getragen zu sein. Die aufmerksame Wahrnehmung der Befindlichkeit des Babys stützt sein erwachendes Gefühl für sich und die Welt.
- Die Bezugspersonen müssen konstant und zuverlässig zur Verfügung stehen, um den Aufbau einer festen Bindung zu ermöglichen.
- Das Kind braucht Anregungen, die seine Entwicklung unterstützen: Ansprache, Bewegungsangebote (Schaukeln, Wiegen, Hopsen ...), Lieder, Spielzeug (Mobiles, Schmusetücher, Rasseln usw).
- Das Kind braucht um sich herum eine Wohlfühlatmosphäre für eine positive „Gefühlsansteckung".

Begleitung im 2. Lebensjahr

Noch immer hat die Bedürfnisbefriedigung biologischer Bedürfnisse Priorität.
Die Begleitpersonen geben dem Kind emotionale Geborgenheit, also einen „sicheren Hafen", wie sie ihm gleichermaßen Sicherheit und Struktur auf seinem Weg der Identitätsfindung – seiner Ablösung – gewähren. Dazu gehört auch Grenzen zu setzen, wenn das Bedürfnis des Kindes die Grenzen anderer überschreitet: Wenn das Kind z. B. authentisch spürt, dass „Mama jetzt kein Bock mehr" hat, dann kann es das gut verkraften, denn was ist, ist einfach so!
Immer wiederkehrende Alltagsrituale geben dem Kind Sicherheit und helfen ihm sich im Familien- und Gruppengeschehen zurechtzufinden und wohlzufühlen.

An Spielmaterial wird den Kindern geboten, was sich zum Aus- und Einräumen eignet: Bauklötze, Formensortierkästen, Hammerspiel, Kugelbahn, eine Bastelecke (großer Topf mit Buntstiften, Klebestift und verschiedene Papiere, dicke Fädelperlen ...), Puppentöpfe und Geschirr für das beginnende Rollenspiel, eine „Mattenlandschaft" zum Bewegen, Klettern, Toben und Ausruhen.

Im zweiten und dritten Lebensjahr sind Kinder noch überfordert, untereinander entstehende Konflikte selbstständig zu lösen. Sie sind dabei auf die einfühlsame Hilfe ihrer Bezugsperson angewiesen. Dabei gilt es zuerst die starken Emotionen des Kindes zu beachten und dann Ideen für Lösungs- und Kompromissvorschläge anzubieten. Nach und nach können die Kinder dann mit drei Jahren die Konfliktlösungsstrategien selbst anwenden.

Begleitung im 3. Lebensjahr

Das Kind braucht nun Eltern und Betreuungspersonen, die sich nicht so leicht aus der Ruhe bringen lassen durch emotionale Turbulenzen auf dem Weg zur Selbstbestimmung. Sie geben dem Kind einerseits den notwendigen emotionalen Rückhalt, den es weiterhin stark braucht, andererseits stehen sie mit dem Kind auch emotionale Konflikte durch, wenn Situationen es verlangen, wenn es nicht nach (s)einem Kopf gehen kann.

Solche kleineren und größeren Wutanfälle können beispielsweise beim Einkaufen entstehen, wenn das Kind spielen will, statt in der Warteschlange an der Kasse auszuharren, wenn es vom Mäuerchen in die Arme springen will, aber stattdessen Eile geboten ist. Wenn es etwas haben will, was nun einfach nicht möglich ist ... – jeder Erwachsene, der mit Kindern zu tun hat, kennt eine Menge solcher Situationen, die ein gewisses Maß an Durchhaltevermögen verlangen. Da darf es uns auch nicht peinlich sein, wenn das Kind lauthals sein Missfallen kundtut – das verstehen auch alle mehr oder weniger Beteiligten außen herum: Das versteht die Kassiererin an der Kasse, das verstehen die Passanten am Wegesrand, das versteht die Verkäuferin im Warenhaus ... Dann wird es halt mal turbulent – das emotional gestärkte Kind beruhigt sich schnell wieder.

Gleichermaßen wichtig ist es auch, dem Kind viele positive Erlebnisse zu verschaffen, es zu stärken und für sein aufkommendes Mitgefühl für andere zu loben. Auf dem Weg zur Identität geht es ja genau darum herauszufinden:
- „Was will ich?"
- „Was wollen andere?" und
- „Wie können wir uns einigen?"

Das will einfach geübt werden – in all seinen Facetten und Nuancen.

Dies gilt besonders beim gemeinsamen Spielen mit Gleichaltrigen.
- Wie schlimm ist es, wenn das Kind eine genaue Vorstellung vom Spiel hat, aber der Spielpartner stellt sich das ganz anders vor.
- Welch eine Herausforderung für das eigene Sozialverhalten stellt es dar, wenn das Kind (s)ein Spielzeug mit anderen teilen muss, um das Spiel aufrechterhalten zu können.

Hier brauchen Kinder geduldige Erwachsene, die vermitteln und Dramen aushalten können – ein sicherer Arm, in den man flüchten kann, wo man sich ausweinen kann, hilft ganz schnell das Unglück zu überwinden.

Wir Erwachsene müssen in diesen Konflikten die Chancen erkennen, die sie den Kindern bieten, ihre Selbstbestimmung und ihr Sozialverhalten zu trainieren – wie einen Muskel.

Durch die Auseinandersetzung mit anderen lernt das Kind:
- „Ich" zu sagen,
- seine Bedürfnisse auszudrücken,
- dem anderen zuzuhören,
- aufeinanderprallende Bedürfnisse abzuwägen,
- zu argumentieren und
- Empathie und Mitgefühl für das „Du" zu entwickeln.

Im Rollenspiel festigen sich dann neue Einsichten und Konflikte werden ausgelebt und verarbeitet.
Kinder brauchen nun auch Bilderbücher, die ihnen in kleinen Geschichten symbolhaft von diesen Konflikten und ihren Lösungen erzählen.

Kinder brauchen im dritten Lebensjahr viel Raum und Angebote
- zum Toben, Rennen, Klettern, sich bewegen, körperliche Herausforderungen zu meistern,
- zum Erkunden, Erforschen und Experimentieren.
- um sich gestalterisch auszudrücken: malen, kleben, hämmern ...

WAS BIETEN WIR AN?

Begegnen wir Kindern mit Achtsamkeit und Respekt, erfüllen wir ihre Grundbedürfnisse, werden sie ihre Fähigkeiten erproben und sich optimal entwickeln. Gleichzeitig können wir als BegleiterInnen auf ihrem Weg in unserem Rucksack eine Menge von Ideen haben, um uns unsererseits in das große Spiel des Lernens mit einzubringen: Dazu ist die folgende Ideensammlung gedacht.

Hinweis: Die Spiele und Angebote wurden unter dem Aspekt der Ganzheitlichkeit ausgewählt. Sie sind hier nach den sechs Bildungsbereichen des Orientierungsplans für Frühe Bildung („Gemeinsamer Rahmen der Länder für die frühe Bildung in Kindertageseinrichtungen" – Kultusministerkonferenz 2004) gegliedert – damit bieten sie Einrichtungen die Sicherheit alle (Bildungs-)Bereiche einzuschließen und dem Auftrag, der sich ihnen stellt, gerecht zu werden.

Vertrauen – Sicherheit – Gemeinsamkeit

Grundlegend in diesem Bereich ist es meines Erachtens, bei Kindern in den ersten drei Lebensjahren die emotionale Intelligenz zu fördern.
Dieser Begriff wurde 1995 von dem amerikanischen Psychologen Daniel Goleman geprägt. Mit seiner Kritik an herkömmlichen Intelligenztests, die in der Vergangenheit nur einseitig kognitive Fähigkeiten messen konnten, stellt er nicht messbare Fähigkeiten in den Vordergrund:
- mit Emotionen situationsgemäß umzugehen,
- sie produktiv einzusetzen
- sowie Empathie und Beziehungsfähigkeit zu entwickeln.

Entsprechend ergeben sich für Kinder unter Drei für diesen Entwicklungsbereich folgende Ziele für Eltern und BetreuerInnen:

1. Bildungsbereich

Personale und soziale Entwicklung, Werteerziehung/ religiöse Bildung

- Einssein mit der Welt spüren lassen
- Lebenssicherheit vermitteln
- Urvertrauen stärken
- Geborgenheit geben
- Schutz bieten
- Lebensfreude vermitteln
- Lebensmut stärken
- Gemeinschaft spüren lassen
- Einfühlungsvermögen anbahnen
- Liebe schenken – Glauben anbahnen

Alter 0 – 12 Monate

Gemeinsam spielen von Anfang an

Am Anfang erlebt sich der Säugling ganz mit der Umgebung verbunden. Er kann noch nicht unterscheiden zwischen sich und der Welt. Sein angeborener Trieb, seine primären Bedürfnisse gestillt zu bekommen, erhält ihn am Leben.

Unsere erste Aufgabe ist es von daher, diese Bedürfnisse zu befriedigen und uns nicht von alten Glaubenssätzen irre machen zu lassen, zum Beispiel, dass wir damit das Kind zu sehr „verwöhnen", wie es der Volksmund manchmal Glauben machen will. Ist ein Bedürfnis gestillt, ist es gut! Der Mensch fühlt sich wohl und kann sich weiter entwickeln!

Da sich der Säugling eins fühlt mit seiner Umgebung, lässt er sich vom ersten Tag an von Gefühlen um ihn herum anstecken. Das heißt, unsere Aufgabe ist es, für eine gute Atmosphäre und Grundstimmung zu sorgen. Wenn wir Erwachsene uns wohlfühlen, spüren das auch die Kinder.

Eine gute Atmosphäre entsteht durch eine gute Tagesstruktur, durch angenehme Räume. Hier können sich Menschen begegnen, Beziehungen gestalten. Begegnen wir Kindern wie Erwachsenen vorbildhaft mit Respekt, so werden die Kinder es uns gleichtun. Unsere eigene Lebenssicherheit spüren auch die Kleinsten.

Überlegen wir uns Spiele für diesen Bereich, so können wir uns ganz und gar auf unser inneres Kind verlassen. Wir schalten den Kopf aus, gehen ganz in die Entspannung, sind albern und „blödeln" rum! Wenn wir uns ganz auf unsere Intuition verlassen, tun wir immer genau das Richtige und spielen mit den Kleinen, wie Menschen es schon immer getan haben!

Spiele, die Sicherheit und Geborgenheit vermitteln

Im Mutterleib wird das noch Ungeborene getragen, gewiegt, geschaukelt. Einerseits wird dadurch der Gleichgewichtssinn (das Vestibulärsystem) geschult, andererseits „wiegt sich das Kind in Sicherheit". Getragen werden ist ein Urbedürfnis des Menschen.

Einfache Melodien summen

Jeder Mensch hat eine Art Urmelodie in sich. Diese folgt keiner bestimmten Tonfolge.
Am besten findet man seine eigene Summmelodie, wenn man die Arme verschränkt und sich leicht hin und her wiegt, als würde man ein Kind wiegen. Probieren Sie es aus.
Diese Summlieder setzen wir immer dann ein, wenn Kinder beruhigt werden wollen. Dabei nehmen wir ganz Kleine auf den Arm, bei Größeren können wir die Hand halten oder bei mehreren können wir einfach nur vor uns hin summen, dann erreicht es jeden.

Kinder trösten

Trösten heißt, sich dem Kind zuwenden, wenn es Kummer hat, seelischen oder körperlichen Schmerz empfindet – ob mit Worten, Gesten oder Berührung, immer soll das Kind spüren: „Du bist nicht allein."
- Hat sich ein Kind verletzt, nehmen wir es auf und „pusten" den Schmerz weg.
- Vermisst ein Kind seine engste Bezugsperson, sucht es auch Trost – es wird den Trost eines anderen annehmen und dabei erleben, dass es im Schmerz nicht allein gelassen wird, die Gemeinschaft lässt es nie im Stich!
- Ärgert sich ein Kind über etwas ganz fürchterlich, nehmen wir es auch an und trösten es im guten Wissen: Auch dieser Zorn verraucht einmal.

Für Kinder ist es wichtig, all ihre Gefühle – auch Wut, Zorn ... – leben zu dürfen und sich trotzdem angenommen zu fühlen.

Persönliche Lieder für einen schönen Tag

Diese „eigenen" Lieder sind eine gefühlsmäßige Zuwendung für kleine Persönlichkeiten und ganz individuell, das heißt, sie variieren von Mensch zu Mensch. Sie müssen nicht perfekt sein, denn dem Kind ist es egal, ob sich ein Lied reimt. Die Texte können „frei" oder auf eine bekannte Melodie gesungen werden – so wie es einem selbst entspricht.

Das folgende Morgenlied soll beispielhaft dafür stehen:

Guten Morgen Marlene
Vorbei ist die Nacht
Guten Morgen Marlene
Nun bist du erwacht
Guten Morgen Marlene
Wie schön ist der Tag
Guten Morgen Marlene
Weil ich dich so mag!

Getragen werden

In einem Sommerurlaub, während des Badens im Meer, prägte vor langer Zeit eine meiner Töchter, als vielleicht Zweijährige, folgenden Ausspruch, der ein ganz wichtiges Grundbedürfnis zum Ausdruck bringt: „Ich will bei einem sein!"

Viele Naturvölker tragen ihre Kinder eine lange Zeit – ob im Tuch oder bei größeren Kindern rittlings auf der Hüfte. Dieses Getragensein ist wichtig für alle Kinder, sowohl für ihre emotionale Entwicklung als auch für ihre vestibuläre Anregung.
Kinder, die getragen werden, erleben dieses „Bei einem sein" ganz hautnah. Sie lernen so die Welt im Schutze eines Erwachsenen kennen, da stört sie kein lautes Geräusch oder irgendein Ereignis – weil sie „bei einem sind", können sie die Welt, so wie sie ist, als gegeben annehmen.

Wiegen, wiegen …

Wir können Kinder auf dem Arm wiegen, in der Wiege, im Kinderwagen, auf dem Wasserbett, in der Hängematte – ganz egal, Kinder genießen es wie im Mutterleib.
Schön, wenn wir dabei summen oder uns auch hierbei spontan ein Wiegenlied ausdenken – wie gesagt, das muss nicht perfekt sein!

Ein schönes Quatschlied könnte beispielsweise sein:

Eia Puppeia , das Huhn legt keine Eier
Eia poppo es freut sich einfach so!

Spaßspiele mit den Kleinsten

Das Kind ist im ersten Lebenshalbjahr vorwiegend damit beschäftigt, durch viele Bewegungen seinen Körper kennenzulernen. Dabei zeigen die Kinder eine Menge von Eigenaktivitäten: Sie strampeln, können Dinge wie Schmusetücher durch reflexhaften Aufgriff halten, sie können die Fingerchen zum Mund führen und daran nuckeln – in der Spielentwicklung spricht man dabei von ersten Funktionsspielen.

Wir zeigen uns hier als SpielpartnerIn, indem wir die Kinder knuddeln und ihre Eigenaktivitäten durch Mitspielen unterstützen. Spaß macht den Kleinsten immer, wenn Spiele einen kleinen Spannungsaufbau haben, mit einer witzigen Überraschung – ganz so wie eine dramaturgische Wendung bei einem Theaterstück.

Fingerschnappen

Beginnen Kinder mit der Hand nach unserem Mund zu greifen, bereitet es ihnen größtes Vergnügen, wenn wir mit dem Mund nach den kleinen Fingerchen schnappen, dies können wir stimmlich unterstützen.

Ungefähr so:

„grapgrapgrap" – Fingerchen in den Mund nehmen
„grapgrapgrap" – Fingerchen in den Mund
„grapgrapgrap" – Fingerchen in den Mund nehmen ...

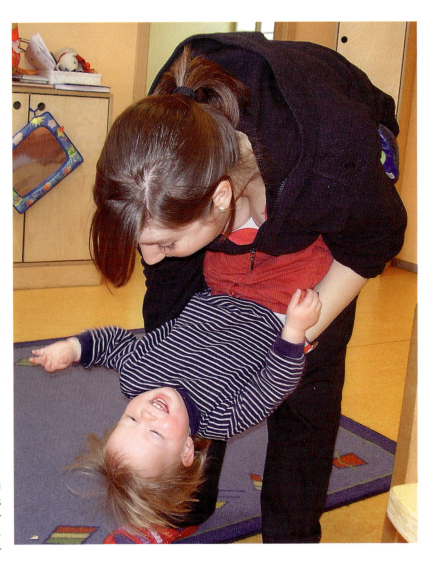

„Stutzebock"

Wie das geht?
Der Erwachsene nähert sich mit dem Kopf dem Gesicht des Kleinkindes und mit dem Ausruf „Ei Stutzebock!" geht er vorsichtig nach vorne, so dass sich Stirn und Stirn berühren.
Wird das Spiel immer und immer wiederholt, freut sich der Säugling, weil er den Spannungsaufbau durch Wiederholung erahnt.

Stimmspiele

Diese Babyunterhaltung mit einfachem Spannungsaufbau ist perfekt für die Kleinen. Probieren Sie es aus!

Beobachten wir Erwachsene – meist als „alte Tanten" karikiert – die sich über einen Kinderwagen beugen, so sprechen diese in einer viel höheren Tonlage, sie lautieren in unverständlichen Wörtern und wiederholen diesen Nonsens-Singsang immer und immer wieder. Meistens begleiten sie dies noch mit Kitzelattacken auf den Bauchnabel des Kindes ...
Aber, was bei Außenstehenden oft Kopfschütteln verursacht, hat für das Kind durchaus seine Berechtigung: Kinder im ersten Lebensjahr nehmen höhere Stimmlagen besser wahr, außerdem freuen sich Kleinkinder über die ständige Wiederholung, denn sie ahnen schon den Spannungsaufbau und wissen, dass bald der „Bauchnabelkitzel" erfolgt.
Das ganze klingt etwa so:

„Ei dutzi dutzi du!" – Kitzeln des Bauchnabels
„Ei dutzi dutzi du!" – Kitzeln des Bauchnabels ...

Das Kleinkind reagiert auf diese Stimmspiele mit freudigem Strahlen und heftigem Strampeln von Beinchen und Armen.

Zungen prusten

Wenn wir die Kinder nachahmen, bereitet das den Kindern ebenso viel Freude.
Ein beliebtes Spiel ist es, die Zunge zwischen die Zähne zu nehmen und mit dem Mund Blasen zu prusten.

Hopsespiele

Da Kinder vor der eigentlichen aktiven Sprache auf dem Weg zum Spracherwerb zuerst lautieren, freuen sie sich, wenn wir mit ihnen ebenso kommunizieren. Verstärkt wird dieser Spracherwerb durch rhythmische Betonung, am besten über den ganzen Körper.

Wir nehmen die Kinder auf den Schoß, bewegen rhythmisch Arme und Beine und lassen die Kinder hopsen. Sprachlich begleiten können wir dies zum Beispiel mit:

„Hoppa happa hopappa"
„Hoppa happa hopappa"
„Hoppa happa hopappa"
„Hoppa – Pappa – uh!"

Mund auf Bauch blasen

Vergnügen macht den Kleinen, wenn wir mit dem Mund auf ihren Bauchnabel blasen.
Es entstehen lustige Geräusche und der ganze Bauch fängt an zu vibrieren.

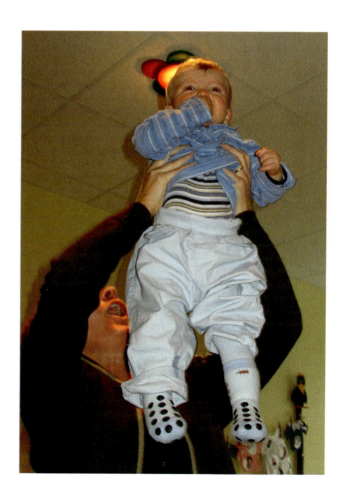

Erste „Abenteuerspiele" für die Kleinsten

„Aufzugfahren"

So erfährt der Säugling, sich von der geliebten Bezugsperson zu entfernen und wieder zurück zu kommen, das bereitet Lust.

Kinder lieben es, von vertrauten Personen hoch in die Luft gehoben zu werden. Begleitet von *„Sooo groß ist das Kind"* heben wir das Kind mit gestreckten Armen in die Höhe, schauen ihm dabei mutmachend in die Augen, drücken es an uns – und das ganze Spiel von vorne …

„Bungeejumping"

Vor allem Väter lieben dieses Spiel!

Bei diesem Spiel wird das Kind (ab etwa drei Monaten) in die Luft geworfen, um es gleich drauf wieder sicher aufzufangen.
Das Kleinkind erlebt so körpernah loslassen und wieder aufgefangen werden. Gedankt wird mit einem vergnügten Quietschen …

Spielplatz Spieldecke

Mit sechs Monaten beginnt das Kind frei zu sitzen und Balance zu halten. Es nutzt alle seine Sinne, um die Welt um sich herum aus seiner neuen Perspektive zu erkunden.

Jetzt haben die Kinder Spaß daran, wenn wir uns gemeinsam auf eine Decke setzen, umgeben von unterschiedlichsten Spiel- und Haushaltsdingen, die sich zum Anfassen, in den Mund stecken und Spielen anbieten, z. B.:
- Schlüssel „in echt" oder aus Plastik, (Geld-)Beutel, Schminktäschies (am meisten interessiert die Kinder nämlich das, was wir aus unserer eigenen Tasche zaubern!)
- Kochlöffel und Töpfe zum Rühren, Klopfen …
- alles, was rollt (mit einer Schnur versehen, damit man es zu sich herziehen kann)
- Quietscheentchen …

Ganz egal, wir schärfen einfach unseren Blick und bieten das an, was das Kind besonders interessiert.

Nun spielen wir
- das Gleiche wie das Kind oder
- „Geben und nehmen" oder
- „Hin und her roll'n oder
- „Verstecken", indem wir Dinge mit einem Tuch verdecken und wieder auftauchen lassen, oder
- „Kuckuck da", indem wir bei „Kuckuck" die Hände vor das Gesicht halten und bei „da" die Handflächen öffnen und unser Gesicht wieder sichtbar wird …

Je entspannter wir unseren spontanen Ideen folgen, umso vielfältiger wird sich das gemeinsame Spielen entwickeln.

Alter ab 12 Monaten

Gemeinsam spielen – alle tun das Gleiche

Kinder ab einem Jahr suchen aktiv den Kontakt zu Gleichaltrigen und älteren Kindern, dabei sind in der Entwicklung zum sozialen Spiel noch keine Absprachen nötig. Wir sprechen vom Parallelspiel, das heißt, die Kinder halten ihr Spiel aufrecht, wenn alle das Gleiche tun.

Wie bedeutsam das „Gemeinsam das Gleiche tun" für die Kleinen werden kann, möchte ich kurz aus meiner „Tagesmutter-Zeit" skizzieren. Als meine älteste Tochter gerade ein Jahr war, nahm ich als Tagesmutter zwei einjährige Kinder 4-mal in der Woche vormittags fünf Stunden und 1-mal in der Woche nachmittags mit in den Haushalt. Dieses Trio begleitete ich dann zwei Jahre, bis die Kinder in den Kindergarten gingen und ich in den Schuldienst. Wir waren ein „eingespieltes" Team, hatten unseren geregelten Tagesablauf mit Spielphasen, Ruhephasen, Essenspausen, Ausflügen im Leiterwagen auf den Spielplatz oder ins Schwimmbad.

An dem Tag in der Woche, an dem erst nachmittags Kindergruppe war, warteten alle drei den ganzen Vormittag bei sich zuhause ungeduldig, wann denn jetzt endlich „Kinnagruppe" ist. Dieses Beispiel zeigt, wie sich bereits Ein-

jährige schnell an eine Spielgruppe gewöhnen, ja sie sogar aktiv einfordern.

Nicht zuletzt aus diesen Erfahrungen heraus habe ich die folgenden Spielideen für das Parallelspiel mit Einjährigen zusammengestellt.

Die vorher beschriebenen gemütsbildenden Spiele behalten wir dabei als individuelle Zuwendung für die einzelnen Kinder bei und setzen sie situativ ein, wenn ein Kind unsere individuelle Zuwendung sucht.

Rituale I

Rituale vermitteln Sicherheit und Geborgenheit. Kinder lieben einen sicheren Rahmen, immer wiederkehrende Elemente im Tageslauf, weil sie darin eine „Verhaltensroutine" entwickeln können und diese Elemente ihnen vertraut und „geübt" sind. Uns Erwachsenen geht es da nicht anders. Ein strukturierter Tagesablauf, egal ob in der Familie oder in einer Einrichtung, ist dafür die sichere Basis. Vom Erwachen am Morgen, dem angenehmen Übergang in den Tag mit Frühstück, Anziehen und Tagesplanung, erlebnisreichen wie entspannenden Tagesaktivitäten, einem gemeinsamen Mittagessen, bis zum ins Bett gehen am Abend mit Gutenachtwünschen und individuellen Einschlafritualen ...
(▶ siehe hierzu auch Tagesstruktur S. 116)

Begrüßung und Abschied

Das sichere Ankommen in der Kindergruppe ist für Kinder sehr wichtig. Eltern sollten hierfür Zeit einplanen, damit die Kinder den Wechsel der Bezugsperson aktiv vollziehen können. Dies bedeutet Zeit zur Begrüßung der neuen Bezugsperson, Ausziehen der Jacke, Ausziehen der Straßenschuhe und Anziehen von gemütlichen Hauspuschen – als Zeichen auch hier zuhause zu sein.

Für die Kinder ist ein Rucksäckchen wichtig, in ihm ist ein eigenes Kuscheltier, ein Fläschchen und was immer dem Kind für diesen Tag wichtig erscheint. Die Eltern helfen beim Ausziehen, als Zeichen loslassen zu können, die neue Bezugsperson lässt sich zeigen, was das Kind heute in seinem Rucksack mitgebracht hat, als Zeichen nun bereit zu sein sich um die Angelegenheit des Kindes zu kümmern.

Beim Abschied geht es umgekehrt: Die abholenden Eltern werden begrüßt. Das Kind will meist im Beisein der Bezugsperson zeigen, was es heute gemacht hat. Kann es sich noch nicht aktiv ausdrücken, hilft hierbei die Bezugsperson. Dann werden die Hauspuschen wieder ausgezogen und an ihren Platz gestellt, als Zeichen: „Ein Teil von dir bleibt da, du kannst hier wiederkommen." Die Eltern sind behilflich, die Jacke anzuziehen, als Zeichen: „Ich nehme dich mit." Kind und Eltern verabschieden sich von der anderen Bezugsperson.

Gemeinsame Spiele drinnen

Dem Spielen Raum geben

Es ist sinnvoll den größten Raum im Haus als Spielzimmer für die Kindergruppe einzurichten.
Eine große Matratze dient als Schlafmöglichkeit und Liegewiese.
Spieluhren sorgen für immer wiederkehrende beruhigende Melodien.
Viele Kissen laden zum Kuscheln ein, unterschiedliche Plüschtiere regen zum Spielen an und sind bei Bedarf auch als Seelentröster zur Stelle.
(➤ vgl. „Übergangsobjekte" S. 11)
Eine Wandmalerei (z. B. eine große Palme), verziert mit einer Lichterkette, sorgt im Raum für eine Wohlfühlatmosphäre während der Ruhezeiten.

So hatten die Kinder immer ein Gefühl wie Weihnachten (!), wenn die Vorhänge geschlossen bzw. das große Zimmerlicht ausgeschaltet wurde.

Wichtig in der Anfangszeit ist auch der feste Platz für die „Flaschele" der Kinder, um jederzeit die Versorgung der Grundbedürfnisse stillen zu können.

Der Fußboden sollte so beschaffen sein, dass die Kinder sich bequem überall auf dem Boden (Teppichboden) aufhalten können, denn das ist der Bereich, in dem sie sich allein schon sicher selbstständig bewegen (robben, krabbeln, setzen, laufen ...) können.

Die Spieleinrichtung

Die Auswahl des Spiel- und Materialangebotes ist nicht festgelegt und kann je nach Gruppe und Interessen durchaus variieren. Wichtig ist allein, dass es möglichst vielfältig und auf die Bedürfnisse der Kinder abgestimmt ist.

Um aber dennoch ein Bild davon zu geben, wie sich Angebot und Spielmöglichkeiten entwickeln können, möchte ich mich hier nochmals auf meine Spielgruppe beziehen – die Anregungen lassen sich dann problemlos auf eigene Gegebenheiten übertragen.

*Wichtigste Spieleinrichtung war eine große standfeste **Kugelbahn** mit großen Kugeln und Klangspiel an der untersten Schrägleiste. Diese Kugelbahn wurde von den Kindern gemeinsam „rund um die Uhr" in Betrieb gehalten.*

*Desweiteren gab es ebenerdig viele **Materialkisten** mit unterschiedlichsten Spieldingen als freies Angebot, mit dabei war:*
- *eine Kiste mit Bauernhoftieren,*
- *eine Kiste mit Bauklötzen,*
- *eine „Kruschtkiste" mit allen möglichen Überraschungen zum Bekrabbeln und Ausprobieren,*
- *eine Kiste mit Musikinstrumenten,*
- *eine Kiste mit großen Muggelsteinen,*
- *eine Kiste mit blumenförmigen Plastikrosetten zum Zusammenstecken,*
- *eine Kiste Plastiksteckerchen mit dazugehörigen Lochtafeln aus Plastik zum Einstecken.*

Diese Kisten wurden von den Kindern nach Belieben aus- und eingeräumt und mit allem wurde hantiert.

Ferner gab es diverse erste Leporello-Bilderbücher aus Plastik, zum ersten Hantieren und kleine Holzbilderbücher, die mit einem Lederbändel zusammengehalten waren. Auch dicke Kataloge von Versandhäusern luden zum Blättern ein.

*Ansonsten gab es **klassisches Spielzeug** für dieses Alter:*
Eine Holzklopfbank, diverse Plastikspielzeuge zum Ausräumen und Einsortieren unterschiedlicher Grundformen, auch diverse sogenannte „Activitycenters" die beim Spielen damit unterschiedlichste Effekte wie Klingeln, Rasseln, Quietschen hervorbrachten.

*Zwei **Kinderholzbänke** mit Lehne und abgerundeten Ecken mit dazugehörigem **Kindertisch** luden zum ersten Klettern und Sitzen ein. In einer Truhe waren Bögen von Makulaturpapier, in einer anderen fanden sich unterschiedliche Buntstifte aus Holz, Wachsmalkreide, sogar Filzstifte mit Deckel gab es darunter.*

Beim Spiel der Kinder setzte ich mich meist mit einer guten Tasse Kaffee entspannt auf die Liegewiese, den Rücken an die Wand gelehnt und half den Kindern bei auftretenden Schwierigkeiten mit den Dingen oder mit den anderen Kindern.
Kam mir eine Spielidee, brachte ich diese ein. Die Kinder fühlten sich wohl im Raum und gingen ihren selbst gewählten Beschäftigungen nach. Dabei entstand dann ein munteres Chaos von Dingen ... Wenn es zu viel wurde, räumte ich uninteressant gewordene Dinge wieder weg.
Ansonsten räumte ich immer zum Schluss des Tages auf. Im Verlauf ihrer Entwicklung halfen dann die Kinder mit.

Gemeinsam erste Bilderbücher kucken

Haben sich die Kinder so mit selbständigen Spielen genügend ausgespielt, ist Zeit für entspannte, gemeinsame Aktionen, bei denen sie im „sicheren Hafen" von Bezugspersonen vor Anker gehen können.

Obwohl sich der aktive Sprachschatz beim einjährigen Kind erst auf wenige Wörter erstreckt, ist das Sprachverständnis schon weiter ausgebildet. (➤ vgl. S. 19) Das gemeinsame Bilderbuchbetrachten dient erstrangig der gefühlvollen Zuwendung.

Dazu gestalten wir eine kuschelige Atmosphäre auf der Liegewiese. Alle Kinder können sich ankuscheln und der Erwachsene erzählt mit seiner Stimme, was auf den einzelnen Seiten des Bilderbuches zu sehen ist. Die Bilderbücher zeigen einfache Bilder – wie Bauernhoftiere oder Autos – oder einfache immer wiederkehrende Handlungen des Alltages – wie Kochen, Essen, Ball spielen, Zähneputzen und so weiter.
Neben den Begrifflichkeiten spielt der Klang der Erzählstimme eine große Rolle, dadurch fühlen sich die Kinder geborgen und umsorgt.

Gemeinsam mit Kuscheltieren und Fingerpuppen spielen

Genauso können wir den Kindern zum Entspannen mit Kuscheltieren oder Fingerpuppen vorspielen. Wenn wir uns selbst kleine Geschichten ausdenken, können wir situationsgerecht das nachspielen, was die Kinder gerade beschäftigt. Die Spielhandlungen sind dabei aller einfachster Art.

Zum Beispiel

- Wir lassen alle Kuscheltiere einzeln auftreten, stellen sie vor und veranstalten kleine Neck- und Unsinnspiele mit ihnen.
- Die Tiere verstecken sich unter Kissen – wir gehen gemeinsam auf die Suche nach ihnen, rufen sie …
- Wir tun so, als würden wir die Tiere füttern …
- Wir spielen, dass die Tiere schlafen usw.

Diese Spielsituation gestalten wir auch in der Kuschelecke und beziehen alle Kinder gleichmäßig in das Spiel mit ein.

Kuschel-Kitzelspiele

Ob zuhause, bei der Tagesmutter oder in einer größeren Einrichtung – Kinder lieben es, wenn sie sich mit vielen anderen balgen können. Am besten eignet sich hierzu eine große Liegewiese. Wie immer gilt: Selbst Kind sein bringt die meisten Ideen im Bereich „höheren Blödsinns".

Hier einige Anregungen zum Einstieg:

- Füße unter der Decke schnappen
- An den Händen halten und den Körper mit den Füßen zur Decke hin balancieren
- Grimassen schneiden
- Zunge herausstrecken und pusten, als hätte man Spinat gegessen und mag ihn nicht …

Gegensätzliche Bedürfnisse regeln

Klar kommt es unter den Kindern auch zu ersten Turbulenzen, wenn ihre Bedürfnisse aufeinanderprallen. Da sind wir Erwachsene gefragt, die Mütchen zu kühlen und zwischen den einzelnen „Parteien" zu vermitteln.

Doch wie ist es mit unseren eigenen Grenzen? Aus meiner Kindergruppenzeit kann ich dabei folgendes berichten:
Grundsätzlich konnte jedes Kind „machen was es wollte" und doch gab es so ein paar Grenzen, die mir dann über die Hutschnur gingen. Also lernten die Kinder einerseits, wir können alles machen, was wir wollen, doch gibt es da Grenzen, wo die Bedürfnisse anderer verletzt werden.
Das geschah zum Beispiel dann, wenn Kinder in einem unbeobachteten Moment ganz still wurden und Dinge taten, die offensichtlich nicht ok waren. So wurden mir einmal klammheimlich alle Topfpflanzen im Wohnzimmer ausgetopft. Danach gab es eine goldene Oberregel, die bei dem jungen Team unter „Bille hat kein Bock mehr!" abgespeichert wurde. Mit dieser Obergrenze ließ sich dann gut mit den Kleinen kooperieren, ansonsten war, wie gesagt, alles möglich und erlaubt …

Was ich damit sagen will:
Verregeln Sie Kinder nicht in kleinen Dingen von Anfang an. Das hemmt das Spiel und das Neugierverhalten ungemein. Wir können „mit links" nach getaner „Arbeit" das Waschwasser auf dem Boden vom „Puppe baden" oder „Geschirr spülen" aufwischen. Wir können die entstandene „Sauerei" auf dem Maltisch von Wasserfarben entfernen. Schließlich dient das alles einem „guten Zweck".
Aber setzen Sie Grenzen da, wo eindeutig Bedürfnisse anderer (auch die eigenen!) verletzt werden. Dies gibt Kindern eine sichere Struktur, denn sie wollen wissen, was geht und was nicht. Sie wollen wissen, wo oben und unten ist, wo es rechts und links auf ihrem Lebenswege entlang geht.

Gemeinsame Spiele draußen

So wie die Kinder gerne im Raum nebeneinander spielen, lassen sich Spielsituationen draußen gestalten.

Sandkastenspiele

Im Sandkasten haben die Kinder die Möglichkeit
- Eimerchen zu füllen und wieder auszuschütten,
- ihre Fingerchen im Sand zu vergraben,
- auf den Sand zu patschen,
- mit Stöckchen zu „malen",
- Steinchen auszugraben ...

Wir setzen uns dabei auf den Sandkastenrand und helfen nur(!), wenn Hilfe geboten ist. Dies ist meist nötig, wenn die Kinder sich über Spielmaterial ins Gehege kommen (am besten ist es drum, für jedes Kind Eimerchen, Förmchen und Schaufel dabei zu haben!).

Ist Wasser in der Nähe gibt es für die Kinder nichts Schöneres als „Matschepampe" ...

Gemeinsame Spiele im Planschbecken

Wie im Sand, können die Kinder im Sommer das Element Wasser mit allen Sinnen genießen. Genauso wie in der Sandkiste sitzen sie dann im flachen Planschbeckenwasser nebeneinander und
- füllen und schütten ihre Eimerchen,
- spielen mit Plastikgießkannen und bringen damit kleine Räderwerke aus Plastik in Schwung,
- patschen die Hände im Wasser ...

Und nach Kneippscher Manier ist Wassertreten am Beckenrand angesagt.

Wir Erwachsene sind am Beckenrand mit dabei und haben ein Handtuch parat, falls mal Wasser ins Auge geht ...

Alter ab 2 Jahren

Gemeinsam spielen – spielerisch kooperieren

Ab einem Alter von zwei Jahren sind Kinder dazu in der Lage, für ein gemeinsames Ziel zu kooperieren. Dazu brauchen sie unsere Mithilfe, damit sie es untereinander schaffen, und unseren starken „Motor" für die gemeinsame Sache. Dienlich ist uns dabei der Drang der Kinder (im Haushalt) helfen zu wollen, dienlich ist uns dabei das beginnende Rollenspiel der Kinder.

Rituale II

Gemeinsame Mahlzeiten

Neben der Nahrungsaufnahme hat das gemeinsame Essen eine hohe soziale Funktion. Schon die gemeinsame Essenszubereitung hat was Anheimelndes. Von daher dient sie darüber hinaus der Gemeinschaftspflege.
Da, wo gemeinsam gekocht wird, fühlt man sich mit den Menschen zuhause. Kinder wollen am „richtigen" Leben teilhaben, daher ist es wichtig, sie je nach Vermögen in häusliche Arbeiten miteinzubeziehen.

Das heißt bei Kindern von einem halben Jahr, sie z. B. vor den ungefährlichen Topfschrank zu setzen, Einjährige können schon „helfen": sei es beim Tischdecken die Plastikteller und Becher auf den Tisch zu stellen oder auf der Küchenzeile beim Kochen mit aktivem Zuschauen.
Beim gemeinsamen Essen ist wichtig, dass wirklich alle am Tisch sitzen, dass jeder seinen „Stammplatz" hat, dass man sich für das Essen Zeit lässt und gemeinsam sich unterhält (▶ siehe auch S. 116 zum Tagesablauf).

Gemeinsam spielen – drinnen

So tun als ob

Die Kinder ahmen nun im Spiel alle ihnen durch ihr Beobachten im Haushalt bekannten Tätigkeiten wie kochen, kehren, putzen, bügeln ... nach – sie arbeiten.
Übrigens: Dieses Nachahmen steht für eine erste Auseinandersetzung mit „Arbeit" im Allgemeinen – und mit der Arbeit ist es wie mit dem Lernen: Je mehr Kreativität wir in unserer Arbeit entwickeln, umso lustvoller erleben wir sie – dies spüren auch die Kinder schon sehr früh.

Damit sich das Rollenspiel entwickeln kann, erweitern wir die Spielausstattung um die entsprechenden Rollenspielsachen, z. B.:
- kleine Puppenküche – das kann auch ein als Herd bemalter einfacher Schuhkarton sein,
- Puppentöpfe,
- ein paar Rührlöffel,
- Gemüse und Obst aus Holz zum „Kochen",
- Puppengeschirr,
- Puppenbesen und Handfeger,
- vielleicht ein kleines Bügelbrett mit Kinderbügeleisen,
- Puppe,
- Puppenwiege,
- Puppenschrank mit ein paar Kleidern zum An- und Ausziehen,
- eine Puppenbadewanne ...

Die Kinder brauchen keine Haushalts-Komplett-Ausstattung, einige wenige Dinge reichen schon, um das Rollenspiel anzuregen.
Die Kinder genießen es, wenn wir mitspielen, d. h. wenn wir ihnen helfen, genauso wie sie es genießen, wenn wir Dinge im Haushalt erledigen und sie dabei tatkräftig helfen können.
Das Mitarbeiten befördert das Spiel, das Spiel befördert die Bereitschaft mitzuhelfen – und dieses Zusammenspiel dient als Vorerfahrung der späteren Arbeits- und Lernhaltung des Kindes.

Erste Puppenspiele

Die Befriedigung der Grundbedürfnisse im ersten Lebensjahr geht bei den Kindern nun im Spiel auf die Puppe über.
- So fühlen sie sich im Spiel durch das Füttern der Puppe selbst emotional gefüttert.
- Durch das Wiegen der Puppe kann das Kind sich selbst beruhigen.
- Durch das Schlafenlegen der Puppe fühlt es sich selbst geborgen.
- Durch den Wechsel der Rolle von Kind auf Mutter, kann das Kind nun auch andere trösten.

Wenden wir uns im Spiel liebevoll der Puppe zu, können wir dem Kind wichtige emotionale Informationen schicken und es über die Puppe emotional versorgen.

Wir spielen Tiere

So wie sich Kinder mit der Puppe identifizieren, identifizieren sie sich mit Tierkindern.
Zum Beispiel
- lieben sie es, sich als „Hundebabys" zu balgen.
- genießen sie es, als „Katzenkind" gestreichelt zu werden.
- haben sie ihren Spaß daran, als „Frösche" laut quakend durchs Zimmer zu hüpfen …

Wir spielen mit Autos

Das „So tun als ob" geht jetzt auch auf Spieldinge über, so kann ein Bauklotz zum Auto werden, wenn die Kinder es mit „brumm", „brumm" über den Teppich fahren.
Um das gemeinsame Spiel zu fördern, können wir auf einen starken Fotokarton Straßen und Häuser malen, auf denen die Kinder mit Spielzeugautos umherfahren ohne Unfälle zu produzieren. Dies dient wie alle anderen Bewegungsarten der Entwicklung der Fähigkeit, Linien einzuhalten, und ist für das spätere Schreiben wichtig.

Wir spielen mit Bauernhoftieren

Das Wichtigste beim Spiel mit den Tierfigürchen ist, sie immer wieder in Familien zusammenzustellen. Dabei bekräftigen die Kinder ihre eigene Familienzugehörigkeit.
Die Tierfamilien werden dann mit Bauklötzen umfriedet, als würden sie einen eigenen Schutzwall um ihre Familie legen, das vermittelt ihnen Sicherheit und Geborgenheit.

Höhlen bauen

Das Gefühl der Geborgenheit kann jetzt nicht nur durch einen (erwachsenen) Menschen, sondern auch durch Materialien von den Kindern „geschaffen" werden.

Kinder lieben es, sich Höhlen zu bauen – in Kissenlandschaften, unter Tischen, unter Tüchern, in großen Kartons …
Damit schaffen sich die Kinder einen Raum, in dem sie sich geborgen und geschützt fühlen.
Diesen „Höhlenbautrieb" unterstützen wir, wann immer er auftaucht!

Gemeinsam malen und kleben

Bei dieser Aktion geht es nicht um die Malentwicklung des einzelnen Kindes, sondern darum, das Malen in der Gruppe zu erleben.

Die Kinder sitzen um einen Tisch. In der Mitte liegen verschiedene Mal- und Klebeutensilien (z. B. Bögen von Makulaturpapier, buntes Papier, Wachsmalstifte, Buntstifte, Filzstifte nach Wahl, Klebestift, evtl. Kataloge/Zeitschriften …) für sie griffbereit.
Jedes Kind gestaltet für sich ein Blatt, ganz nach seinen Wünschen und seinem Vermögen. Sie probieren die verschiedenen Farben und Stifte aus, sie reißen sich Stücke vom bunten Papier oder aus einem Katalog aus und kleben sie auf ihr Blatt …
Die Kinder lieben es zum Beispiel, kleine Bildchen aufzukleben, um sie dann mit einem Malstift zu umranden …
Beim Schaffen erleben die Kinder die Gemeinsamkeit und es kommt untereinander zu kleinen Gesprächen, zum Austausch von Materialien …

Gemeinsam spielen – draußen

Schaukelspiele

Mit etwa 2 Jahren können sich Kinder sicher auf der Schaukel festhalten, aber noch nicht von alleine die Schaukel mit Vor- und Rückbewegung ihrer Beine in Gang setzen. Anlass für uns, die Kinder „anzuschubsen".

Unterstützt von einem selbst erfundenen Lied, nach Lust und Laune, erfahren die Kinder etwas über Rhythmik, um selbst in Schwung zu kommen. Hier ein Beispiel:

Springe mein Mädchen,
ach springe rasch auf die Schaukel du
Springe mein Mädchen
ich singe ein Schaukellied dazu
Da da da da da
Tam ta ta tam ta ta ta ta tam
Tam ta ta tam ta ta
Tam ta ta tam ta ta ta ta tam
Tam ta ta tam ta ta

Rutschen

Ganz so, wie die Kinder mit einem Jahr die Kugelbahn gemeinsam am Laufen hielten, spornt es sie nun an, hintereinander weg immer wieder zu rutschen.

Karussell fahren

Das Karussell ist die Gemeinschaftsaktion für Kinder auf dem Spielplatz. Da die Kinder das Karussell noch nicht alleine beherrschen, stoßen wir sie von außen dabei an. Bald rufen sie vor Freude gemeinsam ein Kommando, um die Fahrt zu beschleunigen. Mir ist heute noch der Anfeuerungsruf meiner Bande im Ohr:
„Schneller – Propeller,
Schneller – Propeller!"

Tiefe Tunnel graben

Im Sand wird jetzt gemeinsam gebuddelt, wie beim größten Tunnelprojekt.
Zwar bauen die Kinder noch nicht konstruktiv nach einem „Bauplan", aber sie wissen und bestärken sich im gemeinsamen Projekt, dass dieses Loch, das auszuheben ist, das tiefste sein wird, und der Tunnel der längste, der je gegraben wurde!

Dämme bauen

Ebenso viel Spaß macht es, gemeinsam Dämme zu bauen, ob an einem Bächlein oder auf dem Spielplatz ... Diese „Großprojekte" motivieren Kinder ungemein beim gemeinsamen Spiel.

Gemeinsame Spiele im Schwimmbad

Im Schwimmbad wechseln wir jetzt den Spielort – und wie eine Entenfamilie geht es mit den Zweijährigen nun bestückt mit Schwimmflügelchen ins Nichtschwimmerbecken.
Dabei genießen sie es, im Wasser frei strampeln zu können und mit anderen gemeinsam nicht allein zu sein. Alle an den Händen gefasst drehen wir uns im Kreis ...

Rituale III

Gemeinsam Jahresfeste erleben

Gefühle werden über Atmosphäre angesprochen. Einjährige spüren die Stimmungen der Jahresfeste: die helle Freude an Ostern, die Liebe an Weihnachten, das Licht in der Dunkelheit an St. Martin, das Ausgelassensein an Fastnacht
(➤ siehe hierzu: „Frühlingsluft und Sonnentanz", „Lichterfeste", „Helau Alaaf und gute Stimmung" als weiterführende Literatur von Sybille Günther im Anhang)

Wir Erwachsenen können diese Stimmung durch jahreszeitliche Raumatmosphäre vermitteln – da müssen wir nicht das ganze Haus mit Plunder überladen. Auch kleine Aktivitäten können wir mit den Kindern schon durchführen, sei es das Ostereier bemalen mit Händen, das Kneten des Weihnachtsplätzchenteiges. Wichtig ist es bei uns Erwachsenen dabei, dass wir nicht das Produkt im Vordergrund sehen, sondern die erste Beschäftigung der Kinder mit jahreszeitlichem Tun.

Neben den allgemein gültigen Jahreszeiten spielt der Geburtstag des Kindes eine große Rolle. Einjährige spüren, dass das ihr Ehrentag ist. Wir können noch nicht die riesige Geburtstagsparty hinlegen, das würde alle beteiligten Kinder überfordern. Aber das Symbol des Geburtstagskuchens mit der ersten Kerze, ein Geschenk, das verstehen die Kinder sehr gut. (➤ vgl. „Zeit für Feste" S. 119)

Körpererfahrung – Bewegungsvielfalt

Kinder wollen gesund groß werden. Sie sollen sich sicher und wohl im eigenen Körper fühlen. Neben der Erfüllung der primären Bedürfnisse und der emotionalen Sicherheit, die wir ihnen schenken, nehmen Körper und Bewegung eine zentrale Stellung dabei ein. Den Bezugspersonen fällt dabei folgende Aufgabe zu:

2. Bildungsbereich:

„Körper, Bewegung, Gesundheit"

- Raum und Gelegenheit geben, den eigenen Körper zu erproben und zu entdecken.
- Durch angenehme Pflegesituationen vielfältige Anregungen über die Hautoberfläche geben.
- Durch angenehme Materialien Wohlbefinden vermitteln.
- Anregung zu Eigenaktivität
- Durch vielfältige Angebote dem Körper Möglichkeit zum freien Bewegen geben.
- Durch altersgemäße Materialangebote zur Eigenaktivität anregen.
- Vielfältige Angebote zur Entwicklung der Grobmotorik
- Vielfältige Angebote zur Entwicklung der Feinmotorik

Alter 0 – 6 Monate

Spiele rund ums Wohlbefinden

Spiele bei der Körperpflege

Bäuerchen locken

Nach dem Trinken den Säugling mit dem Bauch an die Schulter lehnen und auf einem Spaziergang durch den Raum mit der Handinnenfläche rhythmisch und leicht auf den Rücken klopfen.

Pupse schütteln

Merken wir, dass den Säugling ein paar Winde plagen, nehmen wir ihn bäuchlings, sodass wir den Unterleib auf der Handfläche liegen haben. Jetzt gehen wir mit dem Unterarm rhythmisch auf und ab, die rechte Hand legt sich auf den Po des Kleinen und wir singen ein etwas rhythmischeres Lied dazu. (➤ vgl. Hopselied S. 36)
So entspannt sich der Unterleib und die Winde können wehen …

Gestalten der Badesituation

Das Baden des Kindes dient – neben der Sauberkeit – der somatischen Wahrnehmung.
Wir halten das Kind sicher auf dem Arm im körperwarmen Wasser. Dabei achten wir darauf, dass kein Wasser in die Augen kommt, damit das Kind in Sicherheit diese pränatale Situation – im Wasser „getragen" zu sein – ganz genießen kann.

Mit den Händen oder einem Schwämmchen streichen wir über den Körper des Kindes.

Einfache Massagen

Nach dem Bad hüllen wir das Kind in ein warmes Handtuch und frottieren es leicht, denn auch das Frottiertuch vermittelt, neben dem Trocknen des Körpers, angenehme somatische Reize, das wissen wir von uns selbst.
Auch das Eincremen des ganzen Körpers dient, neben der Hautpflege, der somatischen Wahrnehmung. Behutsam streichen wir mit Creme oder Öl über den ganzen Körper. An Fingerchen und Zehen verweilen wir länger und umrunden jedes Knöchelchen. Das entspannt und ist intensive Körperzuwendung für das Kind.

Bewegungsspiele

Freiheit auf der Wickelkommode

Damit der kleine Körper auf der Wickelkommode ganz entspannen kann, ist immer auf eine angenehme Raumtemperatur zu achten.
Sobald die Windel geöffnet ist, strampelt das Kind spontan auf dem Wickeltisch und genießt die warme (!) Luft, die dadurch über den Körper streift.

Mit Zehen spielen

Es gibt nichts Schöneres wie die Zehen eines Säuglings. Wie die Erbsen in der Schote reihen sich die kleinen Zehen aneinander. Da die Zehen viel weniger an der Luft sind, aber genauso viel empfinden wie die Finger des Kindes, gilt ihnen in der Pflegesituation besondere Aufmerksamkeit.
Wir können
- die Zehen einzeln durchkneten,
- die Füße küssen und
- mit den Händen knuddeln.

Schaukelspiele

Wie im vorigen Kapitel beschrieben (➤ S. 34), dienen alle Schaukelspiele auch der Förderung des Gleichgewichtssinns.
Wir können uns auf eine Matratze setzen, das Kind mit dem Rücken gegen die Beine lehnen und mit den Beinen hin und her schaukeln.

Hebespiele

Ob beim An- und Ausziehen, beim Windelwechseln oder beim Baden, so oft wie möglich wenden und drehen wir das Kind – das tut auch seinem Gleichgewichtssinn gut.

Erste Karussellspiele

Wir können das Baby von der Rückenlage mit beiden Händen einmal runderherum drehen, sodass es sich in der Luft einmal um die eigene Achse dreht.

Erstes Spielen mit Material

Bereits ab einem Alter von zwei bis vier Monaten freut sich das Kind, wenn es bemerkt, dass es z. B. ein an seinem Bett befestigtes Spielzeug durch Zappeln in Bewegung setzen kann. (➤ vgl. S. 12)
Wir bieten von daher „Babyspielzeug" an, das durch bunte Farbgebung vom Kind gut wahrgenommen werden kann und außerdem bei zufälliger Berührung akustische Effekte wie Rasseln oder Klingeln erzeugt.
Durch diesen akustischen Verstärker fühlt sich das Kind weiter aufgefordert erneut zu strampeln, um diesen Effekt wieder zu erlangen.

Greif- und Hantierspiele

Schon der angeborene Greifreflex ermöglicht dem Neugeborenen, vielfältige taktile Erfahrungen zu sammeln, von der Haut der Mutter beim Stillen, der zufällig ergriffenen Haarsträhne bis zu unterschiedlichen Stoffarten.

Diese ersten taktilen Reize kitzeln die Sinne der Hände wach, wir sprechen von der Sensibilisierung der Handinnenflächen. Diese Sensibilisierung regt wiederum die Hände zur vermehrten Bewegung an und bahnt das aktive, selbst gesteuerte Greifen an. Je mehr unterschiedliche Tasterfahrungen das Kind macht, umso mehr differenziert sich die Struktur des Gehirns. (➤ vgl. S. 15)

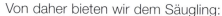

Von daher bieten wir dem Säugling:
- Stoffarten unterschiedlicher Art (Frottee, Babyfell, Wolle, Baumwolle, Stoffwindel usw.)
- ein Schmusetuch – meist eine Stoffwindel
- Nuckelpuppen aus einem viereckigen Frotteetuch, die an den vier Enden durch Knoten Gliedmaßen haben, mit einem Frotteeköpfchen und langer Zipfelkappe. Diese eignen sich gut für den reflexhaften Aufgriff der Kinder.
- Spieluhren, die mit Watte und Stoff ummantelt und die an einer Schnur aufzuziehen sind. Das Kind kann dann beim taktilen Erkunden auch die Musik über die Hände erspüren.
- Rasselschnüre mit Gummiband, die wir quer übers Bettchen spannen, bei einer zufälligen Strampelbewegung kann das Kind erste akustische Effekte selbst erzeugen.
- Geben wir kleine Babyrasseln aus Plastik in die Hände der Säuglinge, so verstärk der Rasseleffekt bei zufälliger Bewegung der Arme vermehrt die Motorik.
- Bestes Spielzeug allerdings sind unsere eigenen Hände! Mit ihnen können wir die Hände des Babys bewegen und massieren und das Kind erlebt intensiven Hautkontakt auch über die Hände.

Spielgeräte zur vestibulären Anregung

Obwohl das Kind nun schon krabbeln kann, braucht es nach wie vor Anregungen im vestibulären Bereich. Neben den schaukelnden Bewegungen, die wir ihm verschaffen können, können wir jetzt Spielgeräte bereitstellen, die es auch in diesem Bereich weitere Erfahrungen machen lässt.

Babyschaukel

Da Kinder in diesem Alter sitzen können, lohnt die Anschaffung einer Babyschaukel. (Spielwarenhandel) Diese ist an vier Seiten geschlossen, so dass Kinder nicht herausfallen können. Die Schaukel ist einfach in einem Türrahmen zu befestigen.

Hängematte

Weiter eignet sich eine Hängematte besonders gut. Damit sich keiner verletzt, sollte die Hängematte nur ca. 30 cm vom Boden angebracht sein. Zusätzlich unter die Hängematte eine Bodenmatte legen.

Variables Bällchenbad

Für ein variables Bällchenbad wird ein Bettbezug (oder Kissen) locker mit Plastikkugeln gefüllt und auf den Boden gelegt.
Wenn die Kinder darüber krabbeln oder darauf liegen, verändert sich durch jede Bewegung die Lage der Bällchen. Durch die kleinen Bällchen werden die Kinder in hohem Maße zur Eigenaktivität angeregt. Da sich auch die Raumlage des Kindes ständig verändert, dient dieses Spiel sowohl der somatischen, als auch der vestibulären Wahrnehmung.
Hinweis: Für größere Einrichtungen lohnt sich die Anschaffung eines professionellen Bällchenbades mit abgepolsterten Wänden.

Alter 6 – 12 Monate

In Bewegung kommen – Balance halten

Drehen, rollen, robben, krabbeln ...

Das Kind ist nun in der Lage, sich selbstständig auf unterschiedliche Art und Weise fortzubewegen: durch drehen, rollen, robben, krabbeln ... (➤ vgl. S. 12)

Wir können dies unterschiedlich unterstützen, indem wir z. B.:
- interessantes Spielzeug in Sichtweite des Kindes legen.
- Ziehspielzeug, das einen akustischen und optischen Effekt erzeugt, vor den Augen des Kindes bewegen.
- einen zur Hälfte aufgeblasenen Luftballon mit einem kleinen Messingglöckchen versehen, verknoten und dem Kind reichen. Rollt der Klingelball beim Hantieren weg, ist das Kind ermuntert sich hinterher zu bewegen.
- eine Plastikkugel (gefüllt mit Wasser und Schwimmentchen) in die Hand geben. Rollt diese beim Hantieren weg, ist dies auch die Aufforderung für das Kind, hinterher zu robben.
- uns selbst ein bisschen vom Kind weg bewegen und mit effektvollem Spielzeug spielen – das Kind folgt uns.
- mit dem Kind über den Boden rollen.
- uns hinter seinem Rücken verstecken und es necken.

Kann das Kind richtig krabbeln, geht's gemeinsam auf allen Vieren durch die Wohnung. Wir können mit dem Kind über unterschiedliche Bodenbelege krabbeln:

- über die Matratze
- über weichere Betten
- unter Tischen hindurch
- durch Kriechtunnel
- über Kissen, die auf dem Boden liegen
- unter Deckbetten durch
- spannend ist auch, über den Spielteppich und allen verstreut liegenden Materialien zu krabbeln
- über die Picknickdecke
- über die Wiese
- über schräge Ebenen.

Je mehr unterschiedliche Bodenbeschaffenheiten das Kind dabei erlebt, umso sicherer wird es in der Balance auf allen Vieren.

Greif- und Hantierspiele

Da das Kind nun frei sitzen und Balance halten kann, hat es die Hände frei zum „Schaffen". Wir bieten das klassische Kinderspielzeug für dieses Alter auf einem Spielteppich an (➤ vgl. Spielplatz Spieldecke S. 37):

- Stehaufmännchen
- Baubecher aus Plastik
- Leporellobilderbücher aus Plastik
- Klingelbälle
- Igelbälle
- Häkelbällchen
- Luftballons in Frotteehüllen
- Activitycenter (➤ S. 40)
- Spieluhren
- Geeignete Dinge aus dem Haushalt

Runterfallen lassen – aufheben

In seinem zweiten Lebenshalbjahr kann sich das Baby stundenlang mit verschiedenen Materialien und Haushaltsgegenständen beschäftigen, alles wird ausprobiert, mit allem hantiert. So mit acht Monaten lässt das Baby gerne auch Gegenstände fallen und schaut ihnen nach. Wir sind ihm die besten Spielpartner, wenn wir den Gegenstand wieder aufheben und zurückgeben. Das Baby wird damit wieder hantieren und ihn wieder fallen lassen. Da wir kooperieren, wird es später auch kooperieren.

Einräumen – Ausräumen

Mit ca. acht Monaten kann das Kind den Pinzettengriff, das heißt auch kleine Gegenstände können aufgenommen werden.
Nun beginnt das Spiel einräumen – ausräumen. Das kann eine Schublade mit Kochlöffeln sein, der Schrank mit den Plastikschüsseln und Töpfen, die Sockenschublade, die Kiste mit verschiedenen Spielsachen ... überall lassen sich geeignete „Spielräume" finden.

Ineinanderstecken – Auseinandernehmen

Das Kleinkind beschäftigt sich mit Muße, Dinge in irgendeiner Art und Weise zusammenzubringen und wieder auseinanderzunehmen: Baubecher, Eimerchen, Wäscheklammern, Plastikklötzchen ...

Sachen geben

Mit dem 10. Monat ist der Pinzettengriff ausgebildet. Die Kinder interessieren sich jetzt für klitzekleine Dinge wie Krümel, Knöpfe ... heben sie auf und erforschen sie genau. Diese Dinge geben sie dann gerne Erwachsenen. Wenn wir mit Kindern dieses Spiel spielen, können wir es begleiten mit „Danke" und „Bitte".

Die gute alte Knopfschachtel

Da das taktile Erkunden mit dem Mund jetzt nachlässt, können wir den Kindern auch kleinteilige Spieldinge geben, damit sie ihren neu erlernten Pinzettengriff auskosten können. Hierzu eignet sich eine Knopfschachtel, weil sich hier immer wieder Neues erkunden lässt. Zum Spiel damit setzen wir uns dazu und haben bald auch Spaß an unserer eigenen Knopfsammlung.

Rühren

Die Kinder beherrschen jetzt auch schon die Rührbewegung mit den Händen.
Zum Rühren eignen sich große Haushaltstöpfe mit Holzlöffel, eine stabile Bodenvase mit Bambusstecken, aber auch extra angefertigte Spieldinge, wie zum Beispiel die Rührtrommel. (➤ vgl. Musikinstrumente, S. 71)

Alter ab 1 Jahr

Laufen, laufen, laufen ... – machen lassen

Bewegungsspiele

Nun konzentriert sich das Kind auf das Laufenlernen. (➤ vgl. S. 13) Zuerst versucht sich das Kind überall hochzuziehen. Neben allen möglichen Möbelstücken sind unsere Hände dabei das beste „Übungsgerät":

Mit vereinten Kräften

Wir setzen uns auf einen Stuhl, reichen dem Kind die Hände und lassen es sich selbstständig an unseren Händen zum Stand hochziehen.

Balance halten

Bei einem gemütlichen Plausch im Sitzen mit anderen Erwachsenen lassen wir das Lauflernkind zwischen unseren Beinen stehen, so hat es an unseren Oberschenkeln und Knien beidseitig Halt und kann die Balance im Stehen gut üben.

Spaziergang auf großen Füßen

Dieses Spiel ist bei Kindern bis drei Jahren immer wieder beliebt.

Kann das Kind nun stehen, können wir es zu einem Spaziergang auf unseren Füßen einladen. Dazu halten wir es an den Händen mit dem Gesicht uns zugewandt, platzieren die Kleinen Füßchen auf unseren Füßen und schon laufen wir los ...
So bekommt das Kind ein Gefühl für das rhythmische Auf und Ab der Füße beim Gehen.

Hänschen klein an der Hand

Nach den ersten Gehversuchen an der Wand entlang, traut sich das Kind, bei uns an der Hand durch den Raum zu laufen. Nun haben wir für eine Weile unseren Lauflehrling an der Hand zu führen.

Lauf zu mir

Damit das Kind sich traut, frei zu laufen, verhalten wir uns wie später beim Schwimmen lernen im Schwimmbecken: Wir breiten die Arme aus, knien uns ein Meter vom Kind in die Hocke und ermuntern es, zu uns zu laufen.

Puppenkarren

Puppenkarren aus Holz sind wunderbare „Gehwägelchen" für Lauflehrlinge. Sie bieten stabilen Halt und bewegen sich dennoch vorwärts.

Schiebetiere

Sind die Kinder sicher im freien Laufen, bereitet es ihnen große Freude, ein Schiebetier mit Holzstange vor sich her zu schieben. Es motiviert sie, damit durch alle Zimmer zu düsen.

Nachziehtiere

Ist das Kind noch sicherer im Laufen, stellen Nachziehtiere am Band eine noch größere Herausforderung dar.
Denn: Schaut sich der kleine Läufling eben mal kurz nach dem Nachziehentchen um, um sicher zu gehen, dass es auch tatsächlich mitkommt – bums – schon sitzt er auf dem Po!

Schellenmännchen tragen

Ist diese Herausforderung bestanden, können die Läuflinge die Insignien der Macht stolz vor sich hertragen. Schellenmännchen – ein Kasperkopf auf einem Holzstock mit einem Kragen aus Schellen versehen – verleihen dem Kind die Würde, wirklich laufen zu können. Da gilt alle Aufmerksamkeit dem Tragen dieses Ehrensymbols. Ehrenhaft unterstrichen wird das Ganze durch das leise Klingeln der Glöckchen ...

Karussell

Können Kinder laufen, werden wir für sie gern zum lebenden Rummelplatz. Wir nehmen die Kinder an einer Hand und einem Fuß und drehen sie im Kreis herum, da kommt – was den Spaßfaktor angeht – kein Karussell mit!

Zeit geben – selber machen lassen

Ein klassischer Satz des Kindes ist nun für die nächsten zwei Jahre: „Selber leine". Es gibt kein besseres Bildungsangebot, als die Kinder eigenständig Dinge machen zu lassen.
Mit anderthalb Jahren kann das Kind frei laufen, rückwärts gehen, in die Knie gehen, einen großen Ball kicken.
Im feinmotorischen Bereich beginnt es mit einfachem Kleben, Falten und Auffädeln von dicken Perlen.

Greif- und Hantierspiele

Ab 12 Monaten bieten wir das klassische Kinderspielzeug an:
- die Kugelbahn,
- das Klopfhämmerchen,
- der Formensortierwürfel,
- Activity-Center,
- ein Klangspiel ...

(➤ Diese und weitere Spielmaterialien zum Greifen und Hantieren sind auf S. 40 bereits beschrieben.)

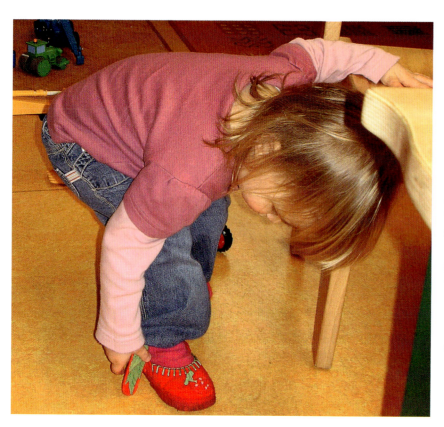

Machen lassen

Die Kinder möchten nun immer mehr Dinge selber machen – und fordern das meist auch schon ein: „Selber, leine!" Für diese Aktivitäten brauchen die Kinder von uns nur die Zeit (und Geduld!), denn sind die Anfänge erst mal geschafft, will das Kind sein Brot alleine schmieren, will bei der Auswahl der Garderobe selbst mitentscheiden ...

Im Tagesablauf planen wir daher mehr Zeit ein
- für die Mahlzeiten, weil das Kind nun selbstständig versucht zu trinken und mit Löffel und Gabel zu essen ...
- beim Anziehen, denn das Kind will seine Strümpfe und nach und nach andere Kleidungsstücke selbständig an- und ausziehen ...

Alter ab 2 Jahren

Rennen, klettern, balancieren – machen lassen

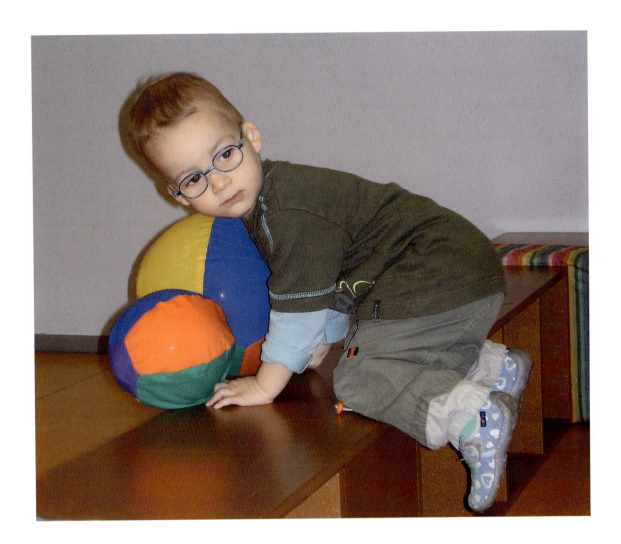

Jetzt geht's so richtig los: Die Kinder können – je nach Anregung – rennen, springen, hopsen, tanzen, klettern, balancieren, rennen und stoppen, schaukeln, rutschen, wippen, Ball spielen ... Die Kinder werden nun immer sicherer in der Feinmotorik. In der Malentwicklung ging ihr Weg vom ersten Urknäuel, zum Striche malen, Kreuze malen, hin zu Kreisen. Beim Bauen können sie nun einen Turm bauen und ihn wieder umwerfen, sie können Formen durch Versuch und Irrtum in Sortierkästen einfüllen, sie sind sicher bei sogenannten Einlegebrettern und können nun differenzierte Puzzleteile in vorgestanzte Didacta-Puzzles einlegen ...

Bewegungsspiele

Eine genaue Beobachtung sagt uns, welche Angebote genau richtig sind für sie, zum Beispiel:
- Wir gestalten Bewegungslandschaften quer durchs Zimmer.
- Wir veranstalten Kissenschlachten in der Kuschelecke.
- Wir spielen „Tiere" (wie Enten watscheln, Frösche hüpfen, Katzen schleichen ...).
- Wir sorgen für ausreichend Klettermöglichkeiten.
- Auf Spaziergängen suchen wir dicke liegende Baumstämme zum Balancieren.
- Die ersten „Rutschautos" kommen mit ins Spiel.
- Der Luftballon mit Glöckchen drin (➤ vgl. S. 54) dient uns nun zum ersten Fangen und Werfen.
- Mit Chiffontüchern in Händen fliegen wir wie Vögel durch den Raum.
- Wir laufen barfuß über Wiese, Sand und Waldboden ... (➤ vgl. auch S. 97ff)

Zirkus spielen

Beim Zirkusspiel werden die Kinder angespornt, zu zeigen, was sie können. Dabei purzeln sie unermüdlich über die Liegematratze oder versuchen, auf einem Bein stehend, die Balance zu halten. Weil sie Tiere lieben, haben sie Spaß an einer wilden Löwengruppe, die brüllend durch den Kriechtunnel schleicht und als Clowns ausgelassen rumzutoben macht ihnen sowieso Spaß ...

Hinweis: Eine Fülle von Anregungen für dieses Alter bietet hier: S. Günther, „Hereinspaziert – Manege frei". (➤ s. Anhang, S. 124)

Machen lassen

Die Devise heißt: Kinder wollen „das echte Leben" leben statt didaktischer Förderspiele!
Es ist die Zeit für uns, die Kinder auch im Alltag ernst zu nehmen und sie aktiv in alltägliches Tun miteinzubeziehen!
Wir verwenden daher lieber mehr Zeit auf das „echte Leben", dabei müssen wir nur mehr Zeit für alle „Kleinigkeiten" des Alltages einplanen.

Im **Haushalt** möchten sie nun helfen:
- beim Spülen am Waschbecken (hinterher einfach den Boden aufwischen!)
- beim Tischdecken (nicht das beste Geschirr aufdecken lassen, sonst sind wir Erwachsenen zu angespannt)
- beim Kochen (vor Gefahren des Herdes warnen und dann trotzdem das Essen umrühren lassen)
- beim Bettenmachen (es bedarf einiger Kraft ein Kissen auszuschütteln ...)
- beim Spülmaschine ein- und ausräumen (braucht einfach mehr Zeit)
- beim Putzen (eigenen Putzlappen in die Hand geben und mitfeudeln lassen)
- beim Kehren (Kinderbesen und Schaufel)
- beim Wäsche legen (Socken sortieren lassen)
- beim Badewannenputzen (macht das Kind stundenlang, wenn es in der Wanne sitzt – Wasser aufwischen am Ende der Aktion)
- beim Waschmaschinen ein- und ausräumen
- bei allem!!!

In der **Körperpflege** beginnen die Kinder nun eigenständig mit
- Händewaschen,
- Haare kämmen,
- „schön machen"
- sich eincremen ...

In der **Kindergruppe** möchten sie auch bei den Vorbereitungen der Aktionen beteiligt werden,
- die Verkleidekiste heranschieben,
- Turnmatten auslegen,
- Materiel zum Malen, Basteln ... an den Tisch holen ...

Zuhören – Sprechen – Sich zum Ausdruck bringen

Durch die Sprache können wir ausdrücken, was wir denken und was wir wollen. Wissensbildung geschieht durch Begriffsbildung. Der Mensch sammelt also mit der Sprache Begriffe von Sachverhalten, die er verstanden, also begriffen hat. Sprachförderung ist eingebettet in persönliche Beziehungen und Kommunikation. Sprache wird als sinnvoll erlebt, wenn mit ihr Gefühle und Gedanken anderen vermittelt werden.
(➤ vgl. „Sprachgefühl" S. 16)

3. Bildungsbereich

„Sprache, Schrift, Kommunikation"

Ziele

- Freude an vielfältiger Kommunikation mit anderen ermöglichen
- Freude an vielfältigem Ausdruck unterstützen
- für die vielfältigen Signale des anderen sensibilisieren
- Freude an Sprache vermitteln
- Bilderbücher als emotionale Zuwendung erleben
- Dinge begreifen und um passende Wörter ringen

Alter 0 – 12 Monate

Nichtsprachliche Kommunikation – Lautspielereien

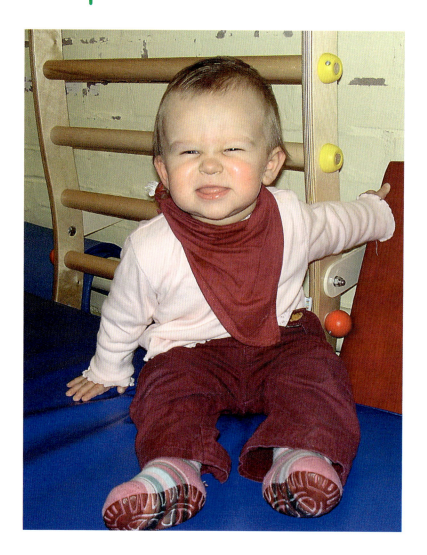

Bevor das Kind zu sprechen beginnt, kommuniziert es mit seinen Bezugspersonen auf viele Arten und Weisen.
Grundlage für den Spracherwerb ist das „Rufen" des Säuglings und das „Antworten" der Bezugsperson. Das Kind „ruft", um seine primären Bedürfnisse befriedigt zu bekommen, wir „antworten", indem wir diese Bedürfnisse stillen. Das Kind erfährt dadurch von erster Minute an, dass Kommunikation Sinn macht, und es entstehen mehr und mehr kommunikative Kompetenzen.

Zur nichtsprachlichen Kommunikation gehören Mimik, also die Sprache über unseren Gesichtsausdruck genauso wie unser Körperausdruck. Ebenso kommunizieren wir über Laute.
Das „Rufen" und „Antworten" des Säuglings entspricht dem späteren „Sprechen" und „Zuhören". Das Wichtigste ist beim Spracherwerb, dass wir mit den Kindern sprechen, uns unserer Mimik und Körperhaltung bewusst sind und sie lebendig einsetzen. Kinder spüren genau, wenn wir authentisch sind.

Besonders aufmerksam lauschen Neugeborene der Stimme der Mutter, denn sie ist ihnen aus dem Mutterleib vertraut. (➤ vgl. S. 8) Zuerst äußern Babys ganz unterschiedliche Lautmalereien vom Schmatzen, Grunzen und Schnauben bis zum Quietschen. Auch das sind erste Funktionsspiele: Das Kind probiert aus, wie es klingt und welche Geräusche es erzeugen kann. Am besten ist es, darauf in derselben Art zu antworten, dann fühlt sich der Säugling verstanden und setzt vermehrt seine Lautsprache ein.

Orale Wahrnehmung

So, wie das Kind mit dem Mund zielsicher die Brust der Mutter sucht und findet, erkundet es mit dem Mund auch alles andere, was sich ihm in der Nähe bietet. Halten größere Geschwisterchen das Baby im Arm, schnappt sich der Säugling schon mal die Nase der großen Schwester und nuckelt an ihr.
Wir tragen dadurch, dass wir dem Kind vielfältige Möglichkeiten geben, Dinge oral zu erkunden, zur Sprachbildung bei.

Grimassenschneiden

Kinder lernen, unsere Gefühle am Gesichtsausdruck ablesen zu können.
Äußerstes Vergnügen bereitet es ihnen, wenn wir einfach Quatsch machen mit unserem Gesicht:
- Augen groß machen
- Nase rümpfen
- Ohren wackeln
- Zunge strecken ...

Sprachliches Begleiten

Wichtig ist es, all unsere Aktivitäten im Alltag und im Umgang mit dem Kind sprachlich zu begleiten. Je mehr wir reden, umso eher bilden sich beim Kind passiver Sprachschatz und größeres Sprachverständnis, denn es kann Worte und Taten schneller zuordnen.

Mimik verstärken

Haben wir mit kleinen Kindern zu tun, verstärken wir automatisch die Mimik unseres Gesichtsausdruckes. Jeder kennt es, wenn wir Babys füttern, und mit dem Löffel an den Mund des Kindes reichen, öffnet sich unser eigener Mund, weil wir intensiv miterleben, wie der Säugling die Nahrung mit dem Mund gleich aufnimmt. Genauso warnen wir das Baby, wenn es etwas in den Mund nimmt automatisch und sagen „Ba!" Dabei schütteln wir energisch und angewidert den Kopf. Bald schon zeigt das Kind erste kommunikative Mimik mit Wegdrehen und Schütteln des Kopfes, um anzuzeigen, dass es eine Speise ablehnt. Dies überträgt das Kind auch bald auf andere Situationen.

Nachahmen

Durch unser sprachliches Begleiten beginnen Kinder nach einem halben Jahr erste Doppelsilben zu sprechen wie „ma ma" – „pa pa". Automatisch verstärken wir diese Silben, indem wir sie betont nachsprechen.

Finger im Mund

Als wollten sie unsere Art zu Sprechen begreifen, stecken Babys ihre Finger in unseren Mund. Sie genießen dann, wenn wir mit ihrem Finger im Mund mit ihnen reden.

Begehbares Bilderbuch

Haben wir das Kind auf dem Arm, können wir mit ihm herumspazieren und die Dinge zeigen und benennen, so als wäre die Welt ein großes (begehbares) Bilderbuch ...
Ab etwa 9 Monaten kann das Kind dem Zeigegestus seiner Bezugspersonen folgen, bald wendet es dies selber an.

Auftrag erfüllen

Wer kennt sie nicht, die Verabschiedungsszene? „Mach winke – winke!", sagen da die Eltern und der Sprössling auf dem Arm wedelt mit seinem Händchen einer dritten Person zu – er versteht den Zusammenhang und erfüllt einen Auftrag ...
In dieser Weise lernt das Kind auch andere Zusammenhänge mit Handeln zu verbinden.

Wo ist was?

Mit etwa 14 Monaten kann ein Kind auf Dinge zeigen, wenn wir uns nach ihm bekannten Dingen erkundigen, und „Da" antworten.
Also spielen wir unser begehbares Bilderbuch mit dieser neuen Spielaufgabe weiter.

Alter ab 1 Jahr

Mit der Sprache spielen – Sprachspiele

Wir begleiten alle Aktionen des Alltages sprachlich, auf Äußerungen der Kinder gehen wir ein und animieren sie zum Reden. Wir geben allen Dingen einen Namen. Kinder, die gut sprechen, haben immer Bezugspersonen (meist sind es die Eltern), die viel mit ihnen sprechen – so einfach ist das. Neben dieser Grundhaltung gibt es allerhand Kurzweil, wie wir Sprache noch anregen können:

Lustige Reime

Reime gibt es so viele und jeder kennt welche und immer kommen neue hinzu …
Am besten eignen sich für das Spiel mit den Kleinen Kniereiterspiele, die rhythmisch betont sind und mit Einsatz des ganzen Körpers begleitet werden.

Ein Altklassiker:

Eine kleine Dickmadam
Fuhr mal mit der Eisenbahn
Eisenbahn die krachte
Dickmadam die lachte
Ha Ha Ha Ha Ha

Fingerspiele

Genauso viele Fingerspiele gibt es für dieses Alter; die besten sind die, die für das Kind einen guten Spannungsaufbau und eine Überraschung parat haben. Hier ein Klassiker:

Eine kleine Mickeymaus
  Mit Zeige- und Mittelfinger den Arm des Kindes entlang laufen
Ging einmal das Treppchen rauf
  Mit den Fingern weiter laufen
Klopft leicht an
  Auf die Stirn des Kindes tippen
Klingelingeling
  An der Nase des Kindes zuppeln
Oh, niemand da?
  Mit den Fingern auf dem Rücken von rechter zu linker Schulter laufen
Dann geh ich halt den Hintereingang rein!
  In das linke Ohr des Kindes krabbeln

Erste Bilderbücher

Mit ca. einem Jahr versteht das Kind etwa 150 Wörter, nach und nach benutzt das Kind diese Wörter. Jetzt können erste Bilderbücher gemeinsam betrachtet werden – wir zeigen mit dem Finger auf Gegenstände, benennen sie und das Kind macht es uns gleich.

Wenn wir gemeinsam Bilderbuch blättern und betrachten, genießen Kinder sehr die emotionale Zuwendung – gleichzeitig legen wir den Grundstein für eigenes Lesen.

Wie macht die Katze?

Mit ca. 18 Monaten wendet das Kind die Symbolsprache an, deutet z. B. auf einen Hund und sagt: „Wau – Wau!"

Ein beliebtes Spiel ist es nun, Bilder von Tieren zu betrachten und die Kinder zu fragen, welchen Laut dieses oder jenes Tier von sich gibt.

Dieses Frage-Antwortspiel vermittelt den Kindern Sprachsicherheit, weil sie eine Antwort wissen.

Spiel mit Finger- und Handpuppen

Es ist unglaublich, wie stark die Wirkung von Puppen auf Kinder ist. Über die Puppe bekommen wir besten Kontakt zu ihnen, ihre Aufmerksamkeit ist ganz und gar auf dieses Spiel gerichtet. So kommt es im Spiel mit der Puppe zu einem intensiven Sprachaustausch.

Wir können im Spiel:
- einfache Geschichten mit übersichtlichem Handlungsablauf erzählen.
- die Puppe zu den Kindern sprechen lassen. Ein Frage- und Antwortspiel entsteht.
- auch zwei Puppen sich treffen lassen, die dann miteinander sprechen ...

Dazu gestalten wir eine gemütliche Situation auf der Liegewiese. (➤ vgl. S. 40)

Einfaches Kasperltheater

Bald schon haben Kinder Freude daran, wenn wir uns hinter einem Karton, einem zur Seite gedrehten Tisch, oder einem alten Leintuch, in das wir ein Fenster schneiden und es an einem Besenstiel vor den Türrahmen hängen, verstecken und die (Kasperl-)Puppen spielen lassen.

Es beginnt mit einem einfachen Dialog zwischen Kasperpuppe und Kinderpublikum:

„Seid ihr alle da?"
„Ja"
„Wisst ihr wo der Bello ist?"
„Nein!"
„Wollen wir ihn mal gemeinsam rufen?"
„2,3,4: Bello"
„Noch einmal, er hat uns noch nicht gehört ..."

67

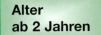

Mit der Sprache umgehen – sich ausdrücken

Die oben genannten Spielformen behalten wir bei, sie verfeinern sich nach und nach. So können im Bilderbuch kleine Geschichten erzählt werden, die vielleicht vom Alltag eines Katzenkindes erzählen: Wie es Milch leckt, wie es mit einem Wollknäuel spielt und so weiter.
Das Kind kann bald in Fünfwort-Sätzen sprechen und verwendet dabei die Ich-Form.
Wir regen zum Sprechen und Argumentieren an, je genauer wir uns artikulieren, desto feiner wird das Sprachgefühl der Kinder.

Erzählstunden

Die Kinder können nun selbst kleine Handlungen von Geschehnissen, die sie erlebt haben, wiedergeben. Wir regen sie zum Erzählen an, indem wir nachfragen: „War die Oma zu Besuch?" ...

Unsinnsreime

Mit zunehmender Sprachsicherheit haben die Kinder auch Spaß an Unsinnsreimen, Auszählreimen und spaßigem Fabulieren von Lügengeschichten ...

Gedichte

Die Kinder können sich jetzt auch schon kleine Gedichte merken, diese unterstützen den Sprachrhythmus und bleiben wegen der Rhythmik besser im Gehirn haften.
Am besten funktioniert das, wie immer, wenn wir es mit Bewegung verbinden, wie wir es von Fingerspielen kennen.

Als Beispiel wieder ein Klassiker:
Himpelchen und Pimpelchen,
die liefen auf den Berg.
    Hand zur Faust, beide Daumen bewegen sich den Berg hinauf
Himpelchen war Heinzelmann und Pimpelchen ein Zwerg. Siehst du sie da oben sitzen?
    Beide Daumen in die Höhe strecken
Sie wackeln mit den Zipfelmützen
    Zuerst mit dem einen Daumen – dann mit dem anderen wackeln
Sie blieben dort 75 Wochen,
dann sind sie in den Berg gekrochen.
    Beide Daumen in der Hand verstecken.
Dort schlafen sie in guter Ruh,
seid mal still und hört gut zu.
    Kinder ahmen das Schnarchen nach!

Alter ab 2 Jahren

Musik & Rhythmus – Fantasie & Kreativität

Musische Bildung (ästhetische Bildung, musikalische Früherziehung und künstlerisches Gestalten) spricht die Sinne und die Emotionen an und fördert Fantasie und Kreativität. Hier lernt das Kind sich in Farben, Tönen auszudrücken und Eigenes zu kreieren. Unsere Aufgabe ist es von daher:

4. Bildungsbereich:

Musische Bildung/ Umgang mit Medien

- Raum und Zeit für musische Betätigung schaffen
- Zur Vielfalt anregen
- Unterschiedlichste Materialien anbieten
- Freude an musischer Betätigung fördern und Unterstützung geben
- Zum freien Tun anregen
- Sich selbst gestalterisch zum Ausdruck bringen fördern.

Musik und Rhythmus von Anfang an

Erste Hörerfahrungen macht das noch Ungeborene im Mutterleib, selbst Töne und Lieder schwingen durch das Fruchtwasser zu ihm.
Erster Kontakt mit Musik und Tönen passiert auf einer ganzkörperlichen Erfahrung. (➤ vgl. S. 8) Das Neugeborene lässt sich durch gesummte immer wiederkehrende Lieder beruhigen und sanft wiegen. Auch Spieluhren haben eine ähnliche Wirkung. Schon nach den ersten Wochen dreht es sich zu Geräuschquellen um und bald schon liebt es auch rhythmisch gesungene Lieder, zu denen es sich gerne bewegen lässt. (➤ vgl. S. 36)

Töne fühlbar machen

Wenn wir das Baby tragen, hat es automatisch ein ganzheitliches akustovibratorisches Hörerlebnis, weil es unsere Stimme beim Sprechen und bei Gesang auch über den Brustkorb vibrieren spürt. Wir haben aber noch mehr Möglichkeiten, die Töne für das Kind über den Körper fühlbar zu machen.

Klangdusche

Wir schlagen ein Becken mit dem Schlegel an und wer will, kann sich unter das Becken setzen und eine Klangdusche nehmen: Das Kind kann den Schall wie unter einer Dusche am ganzen Körper spüren.

Klangwürfel

Material: Holzkiste mit Deckel, CD-Player, Lautsprecherboxen, Entspannungsmusik

Am besten sind die Schallwellen auf einem Musikwasserbett zu fühlen. Da ein solches Bett meist zu teuer in der Anschaffung ist, behelfen wir uns damit Lautersprecherboxen in eine Holzkiste mit Deckel zu stellen. Die Kinder können nun beim zufälligen Hinaufklettern Töne fühlen.
Bald schon tun sie dies bewusst, um dieses Klangerlebnis immer wieder zu erleben.

Klangschale

Durch den Klang vibriert die Luft um die Schale herum. Den Schwingungen wird nachgesagt, dass sie eine positive Wirkung auf unseren Körper und Geist ausüben. So mögen sie zur Entspannung führen, innere Blockaden lösen und Atmung, Herz und Kreislauf positiv entspannend beeinflussen.

Die Klangschalen kommen aus Indien, aus der Gegend um den Himalaja.
Durch unterschiedliche Größen, unterschiedliche Stärken der Schalenwand und unterschiedliche Metall-Zusammensetzungen hat jede Klangschale einen ganz eigenen Klang.
Der Klang entsteht durch Anschlagen an die Innen- oder Außenseite der Schalenwand mit dem Klöppel. Die Metallmoleküle werden durch das Anschlagen in Schwingung versetzt. Der Klang wird auch unterbrochen, wenn wir einen Finger fest auf den Schalenrand drücken.

Die Schale kann auf eine feste Unterlage oder auf ein schön verziertes Kissen gestellt werden. Sie kann auch auf der flachen Hand gehalten werden, dabei muss die Handinnenfläche gespannt sein. Berühren wir die Klangschale mit den Fingern, sind die Schwingungen unterbrochen.

- Reiben wir mit den Fingern den Rand einer mit Wasser gefüllten Klangschale, breiten sich die Schwingungen nach allen Richtungen aus.
- Halten wir einen Finger in das Wasser, entsteht dort ein feines Wellenmuster.
- Helle Klänge entstehen, wenn wir mit dem Holz-Ende des Klöppels anschlagen, dunkle Töne entstehen, wenn wir einen Teil des Klöppels mit einem Tuch umwickeln.

Die vibrierende Schwingung ist in der Hand, im Arm und im ganzen Körper zu spüren.

Den Kindern steht die Klangschale zum Ausprobieren zur freien Verfügung. Schlagen wir die Klangschale selbst an, lassen wir die Kinder die Vibration spüren, indem wir sie in einem Abstand von 10 cm über ihren Körper führen.

Ocean Drum

Ein Ocean Drum ist eine doppelseitige Rahmentrommel, in deren Hohlraum viele kleine Stahlkügelchen das Geräusch einer Meeresbrandung vermitteln.
Die Ozeantrommel wird mit beiden Händen gehalten und langsam hin und her bewegt. Jede Neigung des Instrumentes hört sich an, als würde eine Welle an den Strand gespült.
Die Kinder können das Raunen der Metallkügelchen in den Händen spüren.

Rainstick

Regenstäbe sind Musikinstrumente, die kultische Zeremonien verschiedener Völker begleiten. Sie haben ihren Namen aufgrund des Regengeräusches, das sie verursachen, und weil Naturvölker damit den dringend ersehnten Regen herbeizaubern wollen. Sie werden hergestellt aus abgestorbenen Kakteen. In die Kakteenröhre werden Dorne gehämmert. Kleine Kieselsteine rieseln über die spiralförmig angeordneten Dornen. Es entsteht ein Regengeräusch, was als sehr entspannend wahrgenommen wird.
Hantieren die Kinder selbst mit dem Rainstick, können sie das Prasseln nicht nur hören, sondern auch in den Händen spüren.

Erster Umgang mit Musik- und Rhythmusinstrumenten

Rasseln und Schellen

Im ersten Halbjahr erzeugen die Kinder schon erste Klingel- und Rasseltöne mit Schellen, Glöckchen und Rasseln.

Erster Trommelworkshop

Meist mit 6 Monaten kann das Kind frei sitzen, einfaches Patschen mit der Hand gelingt ihm schon. Wir stellen eine einfache Kindertrommel oder ein Bongo vor das Kind. Es bereitet ihm großes Vergnügen, darauf zu patschen.

Rührtrommeln

Die Rührtrommel ist ein Holzxylophon, bei dem die unterschiedlich langen Klangstäbe nicht horizontal, sondern vertikal um eine Holzscheibe angebracht sind.
Mit dem Klöppel können wir Töne erzeugen, indem wir ihn im Innenraum der Rührtrommel wie in einem Topf kreisend bewegen.
Schlagen wir die einzelnen Klangstäbe innerhalb der Rührtrommel an, indem wir den Klöppel hin und her schwingen, entstehen zufällige Töne – je nachdem, welchen Klangstab wir gerade berühren.

In die Rührtrommel kann man auch eine Holzkugel legen und mit ihr an Stelle des Holzklöppels arbeiten. Stellen wir die Rührtrommel mit Kugel auf unsere Handfläche und lassen die Hand mit der aufrecht stehenden Rührtrommel kreisen, entsteht ein eigentümliches hölzernes Gluckergeräusch.

Kinder von einem halben Jahr können die Rührtrommel schon rühren, auch gelingt es ihnen, durch zufälliges Anschlagen Töne zu produzieren. Wir stellen die Rührtrommel einfach vor das sitzende Kind und schon kann es losgehen ...

Xylophon

Mit sechs Monaten ist das Kind in der Lage, mit dem Schlegel erste Töne auf dem Xylophon zu erzeugen.

Klatschen

Im Laufe des zweiten Lebenshalbjahres sind Kinder in der Lage, in die Hände zu klatschen. Kinderliedklassiker für dieses Spiel ist.

„Backe, backe Kuchen
der Bäcker hat gerufen,
wer will guten Kuchen backen,
der muss haben sieben Sachen:
Eier und Schmalz,
Butter und Salz,
Milch und Mehl,
Safran macht den Kuchen geel.

Alter ab 1 Jahr

Musik und Spiel – Spiellieder

Die Kinder können sich nun durch ihren größeren Aktionsradius, selbstständig Musikinstrumente holen. Bieten wir Musikinstrumente an, beschäftigen sie sich alleine damit.

Wir machen gemeinsam Musik

... mit Rhythmusinstrumenten: Trommeln, Rasseln und Schellen.
Die Kinder spüren durch den Rhythmus der Instrumente die Gemeinsamkeit mit anderen im Spiel.
Mit den Instrumenten können wir erste Spiele machen:
- Einer trommelt vor, die anderen antworten ihm.
- Alle spielen wild durcheinander, ohne auf den anderen zu hören.
- Alle spielen zusammen in einem Takt.
- Wir singen ein Lied und trommeln dazu.

Spiel- und Bewegungslieder

Es gibt eine Fülle an Spielliedern und jede Kindergruppe hat ihre individuelle Hitliste. Da bei all diesen Liedern Sprache mit Musik und Bewegung verbunden ist, fördern sie das Sprachgefühl ungemein.
Hier ein weiteres Beispiel:

Husch, husch, husch die Eisenbahn
Wer will mit nach Afrika fahrn
Alleine fahren möchte ich nicht,
drum nehm ich mir die ...(Anja) mit ...

Das Bewegungsspiel wird im Kreis gespielt – nach und nach reihen sich die Kinder ein.
Bei Einjährigen überwinden wir mit diesem Lied einfach eine kleine Strecke und lassen die Kinder hintereinander in Kette laufen.

Erste Spiel- und Tanzlieder

Die Kinder sind jetzt in der Lage, erste Spiele im Kreis zu spielen. Wir setzen uns dazu auf den Boden, singen, was wir an Kinderliedern kennen, auch solche, die die Kinder von zuhause mitbringen. Allerdings nur solange, wie die Kinder Lust dazu haben – sie müssen noch nicht in Stuhlkreismanier einen Morgenkreis durchhalten!

Zum Spielen im Kreis eignen sich die einfachsten Reigenlieder, z. B.:

Ringel Ringel Reihen
Sind der Kinder dreien
Sitzen unterm Hollerbusch
Machen alle
Husch husch husch

Auch einfachste Bewegungslieder sind schon geeignet, z. B.:

Was müssen das für Bäume sein
    Kinder zeichnen mit den Händen einen großen Kreis in der Luft.
Wo die großen
    Kinder strecken Hände zur Decke.
E l e f a n t e n spazieren gehn
    Linke Hand fasst zur Nasenspitze – rechte Hand wird als Rüssel hindurchgestreckt.
Ohne sich zu stoßen
    Kinder stoßen die Ellenbogen auseinander.
Rechts sind Bäume
    Rechte Hand zeigt zur Seite.
Links sind Bäume
    Linke Hand zeigt zur Seite.
Und dazwischen Zwischenräume
    Hände gefaltet in der Körpermitte auf und ab bewegen
Wo die großen
    Kinder strecken Hände zur Decke.
E l e f a n t e n spazieren gehn
    Linke Hand fasst zur Nasenspitze – rechte Hand wird als Rüssel hindurchgestreckt.
Ohne sich zu stoßen!
    Kinder stoßen die Ellenbogen auseinander.

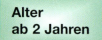

Musik, Spiel und Tanz – Bewegungs- und Tanzlieder

Nach wie vor bieten wir den Kindern immer wieder die Musikinstrumente an. Neu hinzu kommt nun, dass die Kinder so viele Bewegungsarten beherrschen und in ihrem Sprachverständnis so weit sind, dass wir unser Repertoire an Bewegungsliedern und Kindertänzen kräftig erweitern können.

Jahreszeitenlieder

Jahreszeitenlieder vermitteln emotional die Stimmung der jeweiligen Jahreszeit. Sie lassen sich besser singen, wenn wir sie mit den Händen begleiten.
Beispielhaft folgender Liedanfang:

*Schneeflöckchen, Weißröckchen,
wann kommst du geschneit
Du wohnst in den Wolken, dein Weg ist so weit*
    Alle Fingerchen zappeln immer wieder von oben nach unten.
Komm setz dich ans Fenster, du lieblicher Stern
    Hände winken zu sich her.
Malst Blumen und Blätter
    Zeigefinger malt in die Luft.
Wir haben dich gern!
    Mit beiden Händen ans Herz fassen.

Spiellieder im Kreis

Die Kinder sind jetzt sowohl körperlich als auch emotional und sprachlich soweit, dass sie kleine Spiellieder in der Gruppe durchführen können. Jedem fallen hierzu spontan einige ein, z. B. Klassiker wie:

- „Brüderchen, komm tanz mit mir"
- „Dornröschen war ein schönes Kind"
- „Wer will fleißige Handwerker sehn?!

Erste Rhythmikstunden

Da die Kinder nun ein so großes Bewegungsrepertoire haben, können wir diese, ausgestattet mit einem Tamburin, im Gymnastikraum voll entfalten. Hier nur ein paar Ideen:

- Wir schleichen wie die Katzen,

- hüpfen wie die Frösche,
- bellen zusammen wie die Hunde,
- rennen quer durch den Raum ...

Bei „Stopp" halten wir sofort an!

Heulrohr

Das Heulrohr hat einen kleinen Anschaffungspreis, aber eine große Wirkung. Es ist ein spiralförmig gefalteter Plastikschlauch von ca. 50 cm Länge. Wird dieser kreisförmig in der Luft bewegt, entsteht ein Windheulton. Je kräftiger gedreht wird, umso lauter und höher heult der Schlauch auf.
Die Kinder sind jetzt in der Lage diese Heulrohre zu drehen, um damit Töne zu erzeugen.
Wir können damit beispielsweise eine Windgeschichte begleiten:

Der Wind schläft tief und fest in den Wolken.
　　Kinder halten ihr Heulrohr in der Hand
Langsam, ganz langsam wird er wach ...
　　leichtes drehen der Heulrohre
Nach ein paar leichten Windungen spürt er, wie seine Kräfte zunehmen.
　　kräftiges drehen der Schläuche
Er wird immer schneller und stärker ...
　　die Schläuche so schnell und kräftig wie möglich drehen
Nach so viel Anstrengung wird er langsam wieder müde ...
　　langsameres drehen des Heulschlauches
Bis er am Ende gar nicht mehr zu hören ist – er ist wohl wieder eingeschlafen!

Krachmacher-Band(e)

Gemeinsam gehen wir z. B. in der Küche auf die Suche nach allem, was sich dazu eignet, damit „Krach" zu machen: Küchentöpfe, Küchenreiben, Kochlöffel, Brettchen, Topfdeckel, Schneebesen ...
Zuerst probieren wir aus, was wie klingt: zwei Deckel aufeinander schlagen, mit einem Kochlöffel auf den Topfboden hauen, mit einem Löffel über die Küchenreibe schaben ...
Jedes Kind sucht sich ein „Instrument" aus – und schon kann die Krachmacher-Band zusammen proben: einen einfachen Rhythmus, die Begleitung zu einem bekannten Lied ...

Musik mit dem Körper

Jetzt probieren die Kinder aus, wie sie mit dem eigenen Körper Töne und Geräusche erzeugen können:
- in die Hände klatschen
- mit den Füßen stampfen
- summen
- singen
- mit flacher Hand auf den Oberschenkel schlagen
- mit flacher Hand oder Faust auf den Brustraum klopfen ...

Kinderdisco

Kinder in diesem Alter lieben es, zur Musik mit uns Erwachsenen durch den Raum zu tanzen – am besten alle gemeinsam immer um den Tisch herum.
Dabei führen wir die Corona an. Wir setzen den Inhalt der Lieder in entsprechende Bewegung um, die Kinder ahmen das sofort nach ...

Tüchertanz

Die federleichten Chiffontücher sind ideale Tanzaccessoires – sie übertragen ihre Leichtigkeit auf das (Tanz-)Spiel der Kinder: Halten sie z. B. bei einem Frühlingslied zwei Tücher in den Händen, tanzen sie damit frei durch den Raum – als seien sie flatternde Vögel im Frühlingswind.

Tanzbändertanz

Tanzbänder (an einem Stock befestigte Satinbänder) lassen Musik sichtbar werden!
Wir stellen uns im Kreis auf und
- schwingen die Tanzbänder zur Musik durch die Luft,
- machen „Luftschlangen" damit,
- drehen Kreise,
- versuchen Achter zu schwingen ...

Alter 0 – 12 Monate

Spuren hinterlassen – freie Kunst von Anfang an

Kinder brauchen elementare Erfahrungen, um sich und die Welt zu spüren. Spüren die Kinder im ersten Lebenshalbjahr so ihre engsten Bezugspersonen mit intensivem Körperkontakt und Komplettversorgung rund um die Uhr, öffnen sie sich nun nach und nach der Welt. Doch auch hier wollen sie echte, elementare Erfahrungen machen.

Wenn das Kind ein halbes Jahr alt ist, kann es frei sitzen und sich mit seinen Händen dadurch frei betätigen. Für elementares gestalterisches Tun ist uns der Freiraum des Kindes wichtiger als vordergründige Ordnung (Sauberkeit). Schnell haben wir mit einem Lappen nach getaner „Arbeit" alles wieder aufgewischt.

Eine „gute" Mutter sagte zu mir, als sie von diesem Buchprojekt erfuhr: „Was man mit Kindern unter Drei machen soll? Hauptsache immer mitten in den Dreck setzen!" Und damit hat sie vollkommen Recht.

Matschen

Jede Matschekuhle, jeder Sandkasten, der auch noch ein bisschen Wasser bereit hat, ist für Kinder unter Drei das Beste, was ihnen passieren kann. Genüsslich matschen und patschen sie im erdigen Element. Dadurch spüren sie intensiv über ihre Hände. Selbstversunken beginnen sie dem Material zu folgen und durch Bewegungen darauf einzuwirken. Sensibilisierende Gefühle und gestalterisches Tun gehen hier Hand in Hand.

Kreativ mit Banane, Tomate & Co.

Auch vor dem Essen macht der Wunsch nach gestalterischem Tun nicht Halt. Kinder mit einem halben Jahr können Bananenstückchen, Tomatenviertel oder zum Beispiel Brezeln alleine essen. Das genießen sie mit allen Sinnen.
Nicht nur der Mund will vom Genuss was haben, intensive Erfahrung erleben sie auch über die Hände. So fangen sie bald an, auch mit den Händen in der Banane zu patschen und zu beobachten, wie sie so Spuren auf dem Esstisch hinterlässt.
Wenn wir wissen, wie wichtig diese elementaren Erfahrungen sind, bringt uns das nicht aus der Ruhe und wir gewähren den Kleinen diesen gestalterischen Freiraum. Wie gesagt, mit einem Wisch nach dem Essen, ist mit einem Lappen alles wieder weg.

Schmieren

Mit Fingerfarbe, Kleister, Wasser und großen Bögen Makulaturpapier werden Kinder zu wahren „Aktionskünstlern".

Wir rühren den Kleister mit etwas Wasser an. Jedes Kind am Tisch bekommt ein großes Papier vorgelegt. Darauf geben wir jeweils einen Klecks Kleister und einen Klecks Fingerfarbe. Und schon geht's los mit matschen und schmieren! Durch diese Tätigkeit entstehen Farbspuren auf dem Papier. Ein neuer Klecks Farbe von einer anderen Tönung lässt wahre Farbwunder auf dem Papier entstehen.
Wem es zu glibberig wird, der bekommt die Hände mit einem feuchten Tuch abgewischt.

Fühlbäder

Wir geben den Kindern wahlweise eine mit Naturmaterialien einer Sorte gefüllte Schale. (Kastanien Blätter, Erbsen oder andere Hülsenfrüchte ...) Genüsslich wühlen die Kinder darin, genießen den Hautkontakt und verändern mit ihrem Tun gleichzeitig die „Lage der Dinge".

Kataloge reißen

Auch so können die Kinder gestalterisch tätig sein, nach ihrem Willen auf die Umwelt einwirken und Spuren hinterlassen.

Mit einem halben Jahr reißen Kinder begeistert Kataloge. Sie genießen das Geräusch, wenn sie eine Seite nach der anderen mit einem „Ratsch" aus dem Katalog heraustrennen, wenn sie das Papier in kleine Schnipsel reißen und um sie herum ein wahrer „Schnipselhaufen" zum darin Wühlen einlädt ...

Bilder malen

Mit sechs bis acht Monaten kann das Kind dicke Wachsmalkreiden halten; – am besten mit einer runden Verdickung am Ende – auf das Papier klopfen und erste Kritzelstriche erzeugen. Dieses erste Malen bleibt über lange Zeit erhalten und ist der Beginn der Malentwicklung).

Alter ab 1 Jahr

Kritzeln, kneten, formen – gestalterisches Tun

Nach wie vor mögen die Kinder die oben genannten Tätigkeiten, die mit weiteren Angeboten verfeinert werden.

Kleisterbilder

Den Kleister rühren wir mit etwas Wasser an. Jedes Kind erhält auf ein großes Papier einen Klecks Kleister und einen Klecks Fingerfarbe – und wieder einmal heißt es: schmieren und matschen ...
Haben die Kinder so mit mehreren Farben hantiert, geben wir ihnen zusätzlich einen Kamm. Ziehen die Kinder diesen über das Papier, erscheinen ganz neue Spuren auf dem Papier. Und wenn sie eine Murmel über das Papier rollen lassen, entstehen wiederum ganz neue Effekte – Grund genug weitere Dinge auszuprobieren!

Kneten

Knete ist ein äußerst vielfältiges Spielmaterial, das sich nicht nur in seiner Form den Kindern anpasst ...

- Die Kinder schneiden oder reißen sich Knetstückchen wie von einer Teigrolle ab und kneten die Knete in ihren Fingern, bis sie warm und weich geworden ist ...
- Sie lassen den weichen „Klumpen" zwischen beiden Händen kreisen, bis eine Kugel entstanden ist.
- Sie machen Kugeln in mehreren Farben ...
- Sie machen aus vielen kleinen Kugeln eine große.
- Sie formen und kneten die Kugel weiter, rollen sie auf einem Brettchen hin und her, drücken sie platt ...

Ist genug geknetet, wenden die Kinder sich einer anderen Beschäftigung zu und lassen meist am Ende – so verschieden die Aktivitäten auch waren – ein großes Stück Knete in Graubraun zurück.

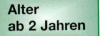

Malen, schneiden, kleben – gestalterisches Tun

Nun beginnen die Kinder mit der Schere zu hantieren. Wir stellen ihnen abgerundete Kinderscheren zur Verfügung, außerdem alles mögliche Material zum Kleben, Malen, Gestalten wie Klebebildchen, die unterschiedlichsten Stifte, viel Papier, Kartons, Zeitschriften, Kataloge, alles was wir an Verpackungsmaterial finden ... Die Kinder „verschaffen" immer das, was sich gerade findet.

Schneiden

Mit zwei Jahren üben die Kinder unermüdlich den Umgang mit der Schere. Bestes „Futter" sind von daher Zeitschriften und Prospekte zum immer gezielteren Ausschneiden von Bildern.

Kleben

Nach dem Ausschneiden kleben die Kinder ihre Bilder, Schnipsel ... ganz nach Belieben mit lösemittelfreiem (!) Klebstoff auf große Bögen Papier und „verschaffen" so das Material ...

Malen

Wir stellen den Kindern die unterschiedlichsten Farben zur Verfügung, damit sie damit umgehen lernen. So entstehen Bilder mit Fingerfarben, Wasserfarben, Bilder mit Wachsmalkreiden, auch Filzstiftbilder, Holzstiftbilder ...

Pustebilder

Die Kinder mischen Wasserfarben auf festerem Malpapier. Sie erleben, wie die Farben ineinander laufen. Mit einem Strohhalm pusten sie Spuren in ihr Kunstwerk.

Siebdruckbilder

Ein Herbstblatt (o. Ä.) in die Mitte des Papiers legen. Mit der Zahnbürste erst ein wenig Wasser und dann Farbe aufnehmen. Das kleine Sieb über das Herbstblatt halten und mit der Zahnbürste ordentlich darin reiben. Die Farbspritzer fallen auf und um das Herbstblatt. Ist alles schön bunt, nehmen die Kinder das Blatt ab, haben einen Abdruck des Blattes.

Wahrnehmen – Erforschen – Zuordnen

Es ist ein ureigener Drang des Kindes, sich die Welt zu erschließen und seinen Horizont Schritt für Schritt zu erweitern. Um Erfahrungen in diesem Bereich zu machen, braucht es eine gute Wahrnehmung, gesunden Forschergeist und von den Erwachsenen viel Freiraum zum Probieren und Experimentieren. Indem es seine Umwelt wahrnimmt und beobachtet, gestalterisch verarbeitet, spielerisch erprobt und Zusammenhänge entdeckt, kann es die Welt zunehmend besser begreifen. Wir können grundsätzlich vom Neugierverhalten der Kinder ausgehen. (➤ vgl. S. 15)

Kinder haben ein großes Interesse an naturwissenschaftlichen und technischen Phänomenen. Es ergibt sich über das freie Tun ein erster Umgang mit Zahlen, Mengen und geometrischen Formen. So werden mathematische Vorkenntnisse erworben.

5. Bildungsbereich:

Mathematik,
Naturwissenschaft,
Technik

Ziele

- Begeisterung wecken, die Welt mit Neugierde zu erforschen
- Vielfältige Anregung der Sinne erfahren
- Vielfältige Möglichkeiten zum Erforschen erleben
- Mathematische Vorkenntnisse
- Umgang mit Formen und Farben
- Erster Umgang mit Mengen und Zahlen
- Erster Umgang mit Maßen
- Erster Umgang mit naturwissenschaftlichen Gesetzen

Die Sinne wach kitzeln von Anfang an

Alter 0 – 3 Jahre

Ein Forscher braucht wache Sinne. Drum hier die verschiedenen Wahrnehmungsbereiche auf einen Blick mit zusätzlichen Angeboten, die den Forschergeist besonders anregen (➤ vgl. S. 102)

Somatische und taktile Wahrnehmung

Die somatische Wahrnehmung betrifft die Wahrnehmung auf der gesamten Körperoberfläche. Sie wird bei der Körperpflege (Baden, Waschen, Frottieren, Eincremen, Massagen), durch Körperkontakt besonders angeregt.
Bei der Entwicklung des Kindes differenziert sich die somatische Wahrnehmung zur taktilen Wahrnehmung über die Hände aus.
Forscher brauchen sensible Hände. Von daher folgen, neben den schon bekannten Angeboten hierzu, weitere Angebote, die zum Erforschen anregen. (➤ vgl. S. 102ff)

Fühlschlange

Ab dem ersten Lebensjahr

Ein Schlauchverband (Apotheke) wird mit verschiedenen Materialien gefüllt (z. B. Reis, Trockenerbsen, Hirse, Mais, Tannenzapfen etc.) zur Fühlschlange.
- Den Schlauchverband entrollen und an einem Ende einen Knoten machen.
- Etwas Füllmaterial (z. B. Reis) einfüllen und wieder mit einem Knoten verschließen.
- Das nächste Material einfüllen, wiederum verschließen usw. – bis der ganze Schlauch aus aneinandergereihten, unterschiedlich gefüllten Kissen besteht.

Die Kinder „krabbeln" sich nun der Schlange entlang …

Tastbretter

Ab dem zweiten Lebensjahr

Die Tastbretter (Sperrholz oder Spanplatte, 50 x 70 cm, ca. 18 mm stark) werden jeweils mit einem anderen Material bestückt, dafür eignen sich z. B.: verschiedene Kunststoff-, Naturbodenbeläge, Sisal- oder Kokosmatten, verschiedene Teppichbodenreste, Stoffe verschiedener Gewebearten, Wolle, Schnüre, Kork, Rinde, kleine Holzscheiben, Schwämme ...
Auf die Brettchen die verschiedenen Materialien entweder festtackern oder bei Gewebe und leichten Materialien aufkleben. Pro Brett immer nur eine Materialart wählen.

Die Bretter können von den Kindern im freien Spiel betastet werden. Mit fortschreitender Sprachentwicklung können sie im dritten Lebensjahr Aussagen machen, wie sich etwas anfühlt. Zum Ende des dritten Lebensjahres können sie die Bretter auch blind ertasten ...

Tastschalen

Ab drittem Lebensjahr

Einfache Tonblumentöpfe werden jeweils lose mit unterschiedlichen Materialien gefüllt (z. B. ungesponnene Wolle, Sand, Kies, getrocknete Bohnen, Erbsen und Kräuter, Reis und viele andere Naturprodukte).
Für jeden Topf aus Baumwollstoff (30 x 60 cm pro Topf) einen Eingriffsschaft nähen: An beiden Längsseiten einen Saum von 3 cm nähen. Die nicht gesäumten Seiten zusammennähen, der Saum am oberen und unteren Ende bleibt dabei offen, damit jeweils ein Gummiband eingezogen werden kann.
Den Stoffschlauch über den Blumentopf stülpen. Das untere Gummiband so regulieren, dass der Saum fest um den Topf anliegt. Der obere Rand bildet das Eingriffsloch. Das Gummiband so eng zusammenziehen, dass eine Hand zwar hindurchpasst, aber das Topfinnere für die Augen im Verborgenen bleibt.

Die Kinder fühlen intensiv die Materialien, da die Augen sie nicht sehen. Gemeinsam wird geraten, was da wohl drin ist. Wir können den Inhalt der Tastschalen von Zeit zu Zeit auswechseln, um eine neue Überraschung parat zu haben.

Vestibuläre Wahrnehmung

Alle schon genannten Bewegungsangebote – wie Wiegen, Schaukeln, Rutschen, Rollen, Drehen, Tanzen, Hüpfen ... – helfen dem Kind, ein Gefühl für die Raumlage zu entwickeln. Sie ist die Voraussetzung Formen zu erkennen und sie zuordnen zu können.
(➤ vgl. dazu S. 8, 37, 103)

Visuelle Wahrnehmung

Vom ersten zarten Rosa durch die Bauchdecke im Mutterleib bis zur voll entwickelten Sehfähigkeit, mit etwa acht Monaten, wird das Sehen zur wichtigsten Informationsquelle der Kinder.
(➤ vgl. S. 8, 103)
Zu den schon genannten Angeboten in diesem Bereich haben wir weitere Möglichkeiten die Sinne wach zu kitzeln:

Optische Phänomene
Die im Spielwarenhandel erhältlichen, besonderen Sehspieldinge stellen wir den Kindern immer mal wieder zur Verfügung. (➤ vgl. auch „Raum zur visuellen Wahrnehmung" S. 103).
- Wenn wir unterschiedliche **Prismen** in Tropfen- und Zapfenform an die Fenster hängen, entsteht ein wunderschönes Licht- und Farbenspiel, wenn Sonnenstrahlen auf sie treffen.
- Es gibt unterschiedliche **Kaleidoskope**. Einige sind mit kleinen bunttransparenten Formen gefüllt. Drehen die Kinder diese beim Hineinschauen, entstehen immer wieder neue Formen wie Blütenrosetten. Dies vermittelt ihnen ein Gefühl für Farben und Formen. Andere spiegeln achtfach die Umgebung wieder, wenn man durch sie schaut. Beides ist ein wunderbarer visueller Effekt für Formen und Farben.
- **Fliegenaugen** sind in unzählig viele Facetten geschliffen, dass wir Menschen und Dinge, die vor der Linse sind, vielfach sehen.

Ab zwei Jahren können wir die ersten klassischen Wahrnehmungsspiele spielen. Sie schärfen die Sinne ungemein. Außerdem sind sie viel besser geeignet, als zweidimensionale Zuordnungsspiele aus Pappe, weil die Kinder die Dinge dreidimensional „in echt" begreifen können.

Etwas im Raum verstecken

Alle Kinder gehen aus dem Raum. Die Spielleitung versteckt ein kleines Kuscheltier, das sie den Kindern vorher gezeigt hat. Die Kinder kommen zurück ins Zimmer und suchen das Tierchen.

Was ist verändert?

Die Kinder sehen sich den Raum noch einmal genau an. Dann verlassen sie ihn. Die Spielleitung verändert drei ganz markante Dinge (z. B. Papierkorb auf den Tisch stellen, Sitzbank umdrehen, Klickerbahn aufs Bett stellen). Sie ruft die Kinder herein, diese erraten nun, was sich verändert hat. Wird das Spiel öfter gespielt, können wir auch weniger auffällige Sachen verändern.

Was fehlt denn da?

Die Spielleitung legt diverse markante Gegenstände in einer Reihe auf den Boden (z. B. ein Kuscheltier, einen Trinkbecher, einen Kamm, einen Geldbeutel, ein Spielzeugauto, ein Bauernhoftier). Die Kinder drehen sich um und die Spielleitung entfernt einen Gegenstand. Die Kinder überlegen nun gemeinsam, was fehlt.

Krabbelsack

In einen Sack oder Kopfkissenbezug füllen wir unbemerkt markante Dinge zum Greifen (z. B. einen Apfel, einen Bauklotz, ein Kuscheltier, eine Haarbürste, einen Ball, ein Auto usw.). Die Kinder setzen sich im Kreis auf den Boden. Nacheinander greifen sie in den Sack, krabbeln sich durch die Gegenstände und behalten zum Schluss eine Sache in der Hand, ohne die Hand aus dem Sack zu ziehen. Nun sagt das Kind, was es wohl in der Hand hält. Dann zieht es den Gegenstand heraus, um zu prüfen, ob es Recht hatte.

Geräusche raten

Die Kinder setzen sich mit dem Rücken zur Spielleitung, diese wählt Spieldinge, die ein markantes Geräusch machen, die Kinder raten nun, was es wohl war.

Akustovibratorische und akustische Wahrnehmung

Forscher brauchen ein gutes Gehör. Von der akustovibratorischen Wahrnehmung über den ganzen Körper differenziert sich die akustische Wahrnehmung heraus. Zu den schon genannten Angeboten in diesem Bereich, hier weitere Ideen, die Ohren zu spitzen: (➤ vgl. S. 8, 104)

Stille hören

Ab zweitem Lebensjahr

Wir schlagen eine Triangel oder Klangschale an und hören genau hin, wann der Ton verstummt ist.

Alter ab 2 Jahren

Vergleichen – sortieren – zuordnen

Kinder machen im freien Spiel vielfältige Lernerfahrungen durch Ein- und Ausräumen (➤ vgl. S. 55), Ineinanderstecken von Dingen, Aneinanderhalten von Dingen, Aufeinanderstapeln von Dingen, spielerischem Hantieren mit dem Formensortierkasten durch Versuch und Irrtum.
All diese Dinge sind Lernreize, um erste Ordnungssysteme im kognitiven Bereich als mathematische Vorkenntnisse zu erlangen.

Als zusätzliches Angebot spielen wir mit den Kindern diverse Sortierspiele im Zimmer. Kinder ab zwei Jahren können die Sortierspiele aktiv lösen, jüngere werden aus dem Angebot nicht ausgeschlossen, sie profitieren vom Sortieren durch zuschauen und nachahmen.

Das Zimmer als Formensortierbox

Wir legen zwei Tücher auf den Boden und suchen im Zimmer.
- fünf Sachen, die rund sind, und legen diese auf das eine Tuch.
- fünf Sachen, die eckig sind, und legen sie auf das andere Tuch.

Nun packen wir beide Sorten zusammen auf ein Tuch, mischen sie tüchtig durcheinander und decken alle Sachen mit dem anderen Tuch zu. Jetzt kann jedes Kind unter dem Tuch etwas „erkrabbeln". Es sagt, ob sein Ding rund oder eckig ist.
Zum Schluss räumen wir erst die runden Sachen wieder auf ihren Platz, dann die eckigen.
Beim nächsten Mal suchen die Kinder dann z. B.:
- alles, was groß ist – alles, was klein ist
- alles, was weich ist – alles, was hart ist

Das Zimmer als Farbzuordnungsspiel

Wir suchen im Zimmer nacheinander jeweils drei Sachen, die gelb, blau, grün, rot sind, und legen sie in die Mitte des Raumes.
Die Kinder setzen sich im Kreis um die Gegenstände. Mit einem Farbwürfel wird reihum gewürfelt. Das Kind nimmt sich einen Gegenstand der entsprechenden Farbe auf dem Würfel und bringt ihn wieder an seinen Platz.
Gewürfelt wird so lange, bis alle Sachen wieder aufgeräumt sind.

Im Zimmer finden sich jede Menge Sortierspiele z. B.:
- Muggelsteine nach Farben sortieren
- Bauklötze nach Formen oder Farben sortieren
- Buntstifte und Filzstifte sortieren

Das beste Sortierspiel ist das gemeinsame Aufräumen. Sortierspiele ergeben sich **im Haushalt** automatisch:
- Spülmaschine einsortieren: Gläser und Tassen oben, Teller unten, Besteck seitlich ...
- Beim Sockenlegen helfen die Kinder Paare zu finden.
- Beim Wäschewaschen dunkle und helle Wäsche trennen.
- Nähkästchen aufräumen ...

Mengen

Den Umgang mit Mengen lernen die Kinder im Alltag. Bei Tisch zählen wir z. B. die Anzahl der Kinder, zählen die Tassen, die wir decken müssen, die Äpfel, die wir austeilen ...
Durch einfache Aufforderungen beim häuslichen Tun: „Gib mir mal zwei Löffel – einen für dich, einen für mich", werden Mengen und Zahlen automatisch in Bezug gesetzt.

Abzählreime

Mit Abzählreimen lernen die Kinder die Zahlen in Reimen. Hier ein Beispiel:

Eins zwei drei vier fünf sechs sieben
Eine alte Frau kocht Rüben
Eine alte Frau kocht Speck
Und du bist weg
Weg bist du noch lange nicht
Sag mir erst wie alt du bist ...

Mengen teilen

Beim Essen lernen die Kinder Mengen zu teilen. Hier einige Beispiele:
- einen Apfel in vier gleich große Teile schneiden,
- eine Scheibe Brot in zwei Hälften teilen
- einen Kuchen in gleich große Stücke teilen ...

Wasser messen

Mit den Kindern können verschiedene Messungen durchgeführt werden ...
Die Kinder untersuchen z. B. wie viele Male sie einen Trinkbecher füllen müssen, bis der Messbecher voll ist. Alle zählen gemeinsam mit.
Jetzt überprüfen sie, ob das auch stimmt. Sie stellen die entsprechende Anzahl Trinkbecher nebeneinander auf – alle zählen wieder gemeinsam mit – und füllen die Becher so lange, bis der Messbecher wieder leer ist.
Passt – unsere Erkenntnis ist bewiesen!
(➤ siehe auch „Körper messen" (S. 95)

Mengen wiegen

Mit einer Kaufladenwaage (mit zwei Waagschalen) probieren wir mit den Kindern aus, was von den Dingen (diverses Kleinspielzeug) schwerer ist.
Dazu legen sie jeweils eine Sache auf jede Waagschale ...
Auf dem Spielplatz können die Kinder bei nächster Gelegenheit auf der Wippe ausprobieren, wer schwerer ist und wie sie sich unter Veränderung der Sitzposition „schwerer" machen können ...

87

Alter ab 2 Jahren

Beobachten – untersuchen – entwickeln

Durch Beobachten der Naturphänomene und das Untersuchen von Materialien werden die Kinder zu Experimenten angeregt und entwickeln Fragestellungen zu Naturphänomenen und Technik auf dem Weg zur Naturwissenschaft.

Phänomen: Sonne und Licht

Die Sonne beobachten

Wir machen die Kinder immer wieder in unterschiedlichen Zusammenhängen auf die Sonne aufmerksam:
- ob sie scheint oder nicht,
- dass sie wärmt,
- dass mit ihr die Pflanzen gedeihen,
- dass wir einen Sonnenhut aufziehen müssen ...
- dass wir einen Sonnentanz machen ...

(➤ viele Anregungen dazu finden sich in: „Feuerwerk und Funkentanz" von S. Günther, siehe Anhang S. 124)

Schatten fangen

Die Kinder beobachten z. B. den Schatten der Bäume ...
Draußen fangen wir unsere Schatten ...

Wir bauen eine Sonnenuhr

Wir stecken mit den Kindern in Hausnähe ein Stöckchen in die Erde und beobachten immer wieder den Lauf der Sonne durch die Veränderung des Schattenstandes.
Mit dem anderen Stöckchen kerben die Kinder den jeweiligen Schattenstand ein, so entsteht die Sonnenuhr.

Das Feuer vom Himmel holen

Im Hochsommer ist die Kraft der Sonne so stark, dass wir mit der Lupe das Feuer der Sonne auf die Erde holen können.
Dazu legen wir das Papier auf eine Steinplatte und halten die Lupe so darüber, dass das Sonnenlicht gebündelt auf das Papier trifft. Bald fängt es an zu rauchen und schließlich auch zu brennen.
Wir entfernen die Lupe und gleich ist das kleine Feuerchen wieder gelöscht.

Lagerfeuer

Zum nächsten Fest ein Lagerfeuer einplanen, es gibt für Kinder nichts faszinierenderes! (Dabei Brandschutzbestimmungen beachten.)
Zu passender Gelegenheit entzünden wir auch mit den Kindern eine Kerze und beobachten sie beim Brennen.

Licht im Haus untersuchen

An – Aus
Ein Lieblingsspiel von Kindern ist es, das Licht an- und auszuschalten. Wenn wir erkennen, welchem Phänomen sie dabei auf der Spur sind, heben wir sie auf den Arm und lassen sie ihr Spiel spielen ...

Taschenlampenspiel
Genauso gerne beschäftigen sich Kinder unter Drei mit Taschenlampen. Auch diese werden an- und ausgeknipst.
In der Dämmerungen löschen wir das normale Deckenlicht und lassen den Lichtstrahl durchs Zimmer wandern. Jedes Kind darf die Taschenlampe einmal führen ...

Phänomen: Wetter

Im Tagesgeschehen machen wir auf aktuelle Wetterphänomene aufmerksam. Ob es kalt oder warm ist, bewölkt oder sonnig, ob es bald Regen gibt. Im Spiel lassen wir es mit unseren Fingern regnen.

Wir machen darauf aufmerksam, wie der Regen an die Scheibe prasselt. Und bei einem Gewitter zählen wir bis es nach dem Blitz donnert. Windrädchen im Blumenkasten machen den Wind für uns sichtbar. Wir machen Pustespiele mit einfachen Windrädchen. Wir spielen mit den Rainsticks. (➤ vgl. S. 70)

Gespielter Wetterbericht

Die Spielleitung erzählt von einem schönen Sommertag, an dem ein kurzes Sommergewitter mit herrlichem Sommerregen dafür sorgte, dass die Luft wieder frisch und rein wurde.
Die Kinder sitzen im Kreis auf dem Boden und machen entsprechende Bewegungen und Geräusche dazu:

Die Sonne scheint am Himmel und wärmt uns auf der Erde.
> Die Kinder wiegen ihren Oberkörper und summen vor sich hin.

Da kommt ein leises Lüftchen auf.
> Die Kinder pusten sanft.

Der Wind wird immer stärker.
> Die Kinder pusten doller.

Da – die ersten Regentropfen!
> Die Kinder trommeln mit ihren Fingerkuppen auf die Oberschenkel.

Der Regen wird stärker.
> Die Kinder trommeln stärker.

Jetzt prasselt der Regen mit aller Macht auf die Straße.
> Die Kinder klatschen mit der flachen Hand auf die Oberschenkel.

Plötzlich blitzt und donnert es – wir laufen ganz schnell nach Hause.
> Die Kinder trampeln mit ihren Füßen auf den Boden.

Ach, sind wir froh, dass wir zuhause sind – jetzt ruhen wir uns erstmal aus!
> Die Kinder seufzen erleichtert und legen sich kreuz und quer auf den Boden.

Phänomen: Wasser

Wir lassen die Kinder im Sommer draußen im Planschbecken und zu jeder Jahreszeit drinnen in der Wanne im Wasser spielen, lassen sie in Regenpfützen springen, lassen sie vielfältige Erfahrungen mit Matsch machen. (➤ vgl. S. 77)

Hier weitere Anregungen zum Erforschen des Wassers. Wie immer gilt, wir lassen alle Kinder unter Drei daran teilhaben.

Seifenblasen herstellen

Haben wir ein leeres Seifenblasenröhrchen mit Puste-Stäbchen, experimentieren wir gemeinsam mit den Kindern, wie viel Spülmittel und Wasser nötig ist, damit wir wieder gute Seifenblasen pusten können ...

Nussschiffchen

Zur Vorbereitung spaltet die Spielleitung Walnüsse in zwei Hälften – die Kinder puhlen die Nüsse aus. Ist jedes Kind mit einer Nusshälfte versorgt, geht es an den Schiffsbau:
- Die Kinder lassen ihr „Schiffchen" das erste Mal zu Wasser und beobachten seine Schwimmtauglichkeit.
- Sie drücken etwas Knete in das Schiffchen und stellen einen Zahnstocher als „Fahnenmast" auf. Wieder folgen Versuche, wie gut das Schiffchen schwimmt, ob die Knete woanders hin muss ...
- Zum Schluss ein Fitzelchen Papier als Fähnchen an die Stange kleben und das Schiffchen wieder schwimmen lassen ...

Wassermusik

ab zweitem Lebensjahr

Die Kinder nehmen einen Strohhalm und blubbern in ihrem Wasserglas, trinken ein wenig ab, pusten wieder ins Glas und machen Versuche, wie es sich dann anhört.

Flaschenxylophon

Mit den Kindern füllen wir Glasflaschen (mit einem Trichter) unterschiedlich hoch mit Wasser. Werden sie mit einem Löffel angeschlagen, ergeben sich unterschiedliche Tonhöhen.
Die Jungforscher ordnen die Flaschen vom tiefsten bis zum höchsten Ton – und schon geht's weiter mit Musik ...

Farbe ins Wasser

Ausgestattet mit Wasserglas und Lebensmittelfarbe machen die Kinder erste Farbversuche. Gemeinsam beobachten sie, wann sich das Wasser wie verfärbt ...

Blumenwunder

Die Kinder pflücken auf der Wiese einen Blumenstrauß aus weißen Blumen (Gänseblümchen, Margerite). Zuhause färbt jedes Kind in einem Glas „sein" Blumenwasser in einer Farbe (Lebensmittelfarbe) seiner Wahl.
Jetzt heißt es: Abwarten und beobachten, was passiert ...

Wasser und Technik

Im Haus erkunden wir Waschmaschine, Spülmaschine, Wasserhahn, Brause und Wasserspülung ...

Feuer und Wasser

Als Überraschung in der Badewanne/Duschwanne gestalten wir einen See mit blauer/grüner Lebensmittelfarbe. Darauf arrangieren wir schwimmende Blüten und Blattranken. Zum Schluss Schwimmkerzen entzünden und auf das Wasser setzen.
Erst jetzt werden die Kinder hereingerufen. Sie werden staunen und langsam und vorsichtig mit ihren Händen das Wasser bewegen ...

Thema: Pflanzen

Pflanzen im Zimmer

Pflanzen bringen Behaglichkeit und ein gutes Raumklima ins Haus. Die Pflanzen werden dann mit den Kindern gemeinsam beobachtet, gepflegt, geputzt und gegossen ...

Nutzgarten auf der Fensterbank

Gemeinsam mit den Kindern legen wir in einem Blumenkasten (o. Ä.) einen Mini-Nutzgarten an und säen (pflanzen) Küchenkräuter, Keime und Sprossen – alles, was möglichst schnell wächst.
Tag um Tag können wir nun zuschauen, wie alles sprosst, keimt und wächst. Die Kinder dürfen dann selbst ernten und so ihr Butterbrot gesünder machen.
Wer ein Gartengrundstück hat, kann draußen ein kleines Kinderbeet gemeinsam mit den Kindern anlegen.

Walderlebnisse

Durch regelmäßiges Spielen im Wald entwickeln Kinder ein Gefühl für den „Lebensraum Wald" und werden für die Natur sensibilisiert.
Einige Anregungen:
- Mit den Füßen durch Herbstblätter streifen
- Bäume, Rindenstücke ertasten
- Wurzelballen umgestürzter Bäume untersuchen
- Käferchen bestaunen
- „Zwergenwege" gehen
- Waldfundstücke sammeln
- Auf Baumstämmen balancieren ...

Rindenbilder

Wir erkunden mit den Kindern den Wald und suchen uns Baumstämme aus. Ein Erwachsener hält nun ein Papier an die Baumrinde, die Kinder bemalen das ganze Blatt mit Wachsmalkreide. Nach und nach erscheint die Rindenzeichnung als Abdruck auf dem Papier.

Thema: Tiere

Tiere kennen und verstehen

Ab dem 2. Lebensjahr

Mit 18 Monaten wendet das Kind die Symbolsprache an, deutet auf einen Hund im Bilderbuch oder in Wirklichkeit und sagt „wau-wau". Drum spielen wir:
„Wie macht der Hund?",
„Wie macht die Katze?",
„Wie macht die Kuh?"
(➤ vgl. S. 66)

Tiere auf dem Bauernhof

Rollenspiel

Kinder spielen ab 18 Monaten für sich alleine schon „Rollenspiele". Wir können dieses Spiel intensivieren, wenn wir mit ihnen gemeinsam spielen. Mit Bauernhoftieren aus Kunststoff, Spiel-Stall, kleinen Zäunen aus Kunststoff oder Bauklötzen bauen wir zusammen einen Bauernhof. Dabei erzählen wir über die Tiere, wie sie machen, was sie machen, und bringen Gefühl in das Spiel, damit das Kind diese Tiere auch emotional erleben kann. Wir ordnen sie gemeinsam nach Tierfamilien und denken uns kleine Geschichtchen über das aus, was auf einem Bauernhof alles passiert …

Besuch eines Bauernhofes

Beim Besuch eines Bauernhofes lieben es Kinder auf dem Arm eines Erwachsenen Kühe am Kopf zu streicheln, sich von Zicklein die Fingerchen lecken zu lassen und stundenlang Katzenkinder zu streicheln. Wir machen Fotos von den Tieren mit dem Kind. Zuhause können wir dann gemeinsam das erste Bilderbuch selber machen …

Eigenes Tier-Bilderbuch

Die Kinder genießen es sehr, sich selbst mit Tieren auf Fotos wiederzuerkennen. Nach einem Besuch auf dem Bauernhof können die dort mit den Kindern gemachten Bilder schnell zu einem Bilderbuch verbunden werden.
- Fotokarton von DIN A4 in der Mitte auf DIN-A5-Format falten.
- Die gefalteten Bögen (Anzahl je nach Fotomenge) aufeinander legen und in der Mitte auf der Faltlinie zusammenheften.
- Auf jede Seite des Buches nun die Fotos vom Bauernhof, Traktor, von den Kindern beim Tiere streicheln … chronologisch aufkleben und mit Klebefolie überziehen (so ist das Bilderbuch haltbarer).

Tiere im Bilderbuch

Ab 2 Jahren

Nach dem ersten Betrachten und Zeigen der Tiere in einem Bilderbuch mit Bauernhoftieren können wir nun auch kleine Geschichten vom Tagesablauf der Tiere erzählen, das Sprachverständnis der Kinder ist dazu nun entwickelt. Die Kinder sprechen dabei aktiv Zweiwort-Sätze.

Weitere Tiere kennelernen

Nach und nach erleben die Kinder weitere Tiere, indem wir diese Tiere besuchen, mit Tieren aus Kunststoff alles nachspielen, entsprechende Bilderbücher dazu betrachten, die nächsten Tiere, die für Kinder unter Drei interessant sind:
- Tiere im Zoo
- Tiere im Wald

Tiere im Winter

Für mich ist der schönste Raumschmuck in der Weihnachtszeit ein Meisenknödel, der vor dem Fenster hängt, an dem die Meisen sich gütlich tun, und darunter ein wenig Vogelfutter, dass auch die Amsel immer wieder ins Fenster schaut.
Zu keiner Jahreszeit können wir die Vögel besser beobachten, denn so nah kommen sie den Menschen sonst kaum.

Das Amselnest

Im Frühling danken uns die Winterfütterung besonders die Amseln, die nun ganz in der Nähe des Hauses ihr Vogelnest bauen. Da sie so mit Nestbau, Brutpflege und Füttern der Jungvögel beschäftigt sind, nehmen sie kaum Notiz von uns Menschen und schaffen und zetern, dass es eine wahre Wonne ist, dies zu beobachten. Wenn wir Glück haben, sehen wir auch die Jungvögel bei ihren ersten Flugversuchen, die Amselmutter füttert sie dann einfach auf dem Boden weiter.
Die Kinder setzen die Beobachtungen wieder spielerisch um.

Unser Körper

Mit den Kindern begeben wir uns auf die Entdeckung anatomischer Grundkenntnisse.
Mit Bilderbüchern, Einlegepuzzles, Fingerspielen und Bewegungsliedern lernen sie die Körperteile zu benennen und richtig zuzuordnen.
Wir überlegen uns, was die Hände können, was die Füße können und so weiter. So gewinnen die Kinder eine Vorstellung von ihrem Körperschema.
Weitere Themen können folgen: Ernährung (Was essen wir am liebsten?), Kleidung (Was ziehen wir wann an?) ...

Körperumrisse malen

Wir rollen eine Tapetenrolle auf dem Boden aus. Die Kinder legen sich so darauf, dass alle Gliedmaßen auf dem Papier Platz finden. Wir umranden den Körperumriss mit Wachsmalkreide. Das Kind steht wieder auf und kann sehen, welchen Körperumriss es auf dem Papier gelassen hat.

Je nach Alter, erlernten Fertigkeiten und Laune (!) gestalten die Kinder ihren Umriss aus und beschäftigen sich so intensiv mit „ihrem Körper".
So können die Kinder z. B.:
- Augen, Mund und Nase aufmalen oder kleben
- Haare aus Wolle ankleben
- Kleidungsstücke aus Stoffresten oder Papier aufkleben oder mit fingerfarben anmalen ...

Körpergröße messen

Die Kinder stellen sich in einen Türrahmen. Wir legen ein Buch auf den Kopf, markieren mit einem Strich unterhalb des Buches die aktuelle Körpergröße des Kindes und schreiben den Namen und das Datum daneben – das ist viel interessanter als das Messen mit vorgefertigter Messlatte!

Alter ab 1 Jahr

Erfassen – bauen – konstruieren

Vom ersten Lebenstag an probiert das Kind, was wie funktioniert. Sind es zuerst Funktionsspiele mit dem eigenen Körper, erschließen sie sich nach und nach die Umwelt. Vom Funktionsspiel geht es zu Konstruktionsspielen.

Arbeitsplatz Haushalt

Erste Berührung mit Arbeit haben schon die Kleinsten, indem sie die Arbeiten im Haushalt (aufräumen, Tisch abwischen, spülen, fegen, kochen usw.) erfassen und dabei aktiv mithelfen.
(➤ vgl. S. 45)

Bauen und Konstruieren

Mit 15 Monaten kann ein Kind zwei Klötzchen aufeinander setzen. Mit 18 Monaten kann es bereits einen Turm aus bis zu vier Klötzchen bauen.

Wir setzen uns zu den Kindern und bauen gemeinsam Türme, Umfriedungen, Brücken, Häuser – nach dem Vermögen des Kindes. Dabei machen wir Konstruktionsversuche und untersuchen die jeweilige Standfestigkeit. Die Kinder machen so erste Erfahrungen in Statik.

Weitere unterschiedliche Bauvorhaben folgen:
- Beim Höhlenbauen machen wir Versuche zur Tragfähigkeit der Decken.
- Im Wald bauen wir gemeinsam eine Hütte aus Zweigen.
- Große Kartons werden durch ein paar Handgriffen zu Fertighäusern im Kinderzimmer ...

So bauen sich die Kinder mit ihren Bauwerken durch die Zivilisationsgeschichte der Architektur!

Kugelbahn bauen

Einjährige spielen unermüdlich mit der Kugelbahn (➤ vgl. S. 40) – etwas später bauen wir unsere eigene Kugelbahn ...

- **Die Deckbettenbahn**
  Der Erwachsene setzt sich auf den Boden oder die Matratze, lehnt den Rücken an die Wand und winkelt die Beine an. Die Kinder tun es gleich. Nun ein Deckbett über alle Knie legen und so drapieren, dass auf seiner Oberfläche spiralförmige Rillen nach unten verlaufen.
  Jetzt beginnt das Spiel: Eine Murmel nach der anderen wird auf der Deckbettkuppe auf die oberste Laufrinne gelegt und durch gemeinsame Versuche durch Zurechtzupfen der Bettdecke zum Laufen gebracht.

- **Kugelbahn im Sandkasten**
  Gemeinsam mit den Kindern bauen wir einen Sandberg, der so feucht sein muss, dass der Sand nicht abrieselt. Mit den Fingern drücken wir spiralförmig Laufrinnen in den Berg.
  Nun lassen die Kinder ihre Murmeln rollen und korrigieren die Rinnen bis zum optimalen Ergebnis.

- **Die mobile Röhrenbahn**
  Wir lassen bunte Holzkugeln durch eine durchsichtige, biegsame Kunststoff-Röhre (Baumarkt) laufen, indem wir für einen Höhenunterschied der beiden Röhrenenden sorgen.
  Nun experimentieren die Kinder, ob sie auch Wellen biegen können, sodass die Kugeln mit genügend Schwung sogar etwas hochrollen ...

Natur entdecken – Umwelt erfahren

Vom ersten Tag an wirkt die Umwelt auf Kinder, sie wirkt gefühlsansteckend auf sie, drum achten wir auf eine gute Atmosphäre. Vom ersten Tag an merken Kinder, dass sie diese selbst gestalten können. Ist dies erst das Rufen nach der Mutter, die dann das geforderte Bedürfnis stillt, sind es bald Rasselketten, die das Kind durch Bewegung verändern kann. Unsere Aufgabe ist es, den Kindern die Welt zu eröffnen, sowohl in der Natur als auch in kulturellen Umwelten. Kinder wollen die Welt entdecken – geben wir ihnen ausreichend Möglichkeiten dazu. (➤ vgl. Grundbedürfnisse der Kinder, S. 24ff)

6. Bildungsbereich:

„Natur und kulturelle Umwelten"

Ziele

- Kindern die Welt zeigen
- Mannigfaltige Möglichkeiten bieten, die Natur zu erfahren (Luft, Sonne, Wetter, Tiere, Wald, Wiese, Bach ...)
- Die kulturelle Umwelt des Kindes angenehm und bildungsreich gestalten
- An kulturelle Umwelten heranführen (Kindergruppe, Kirche, Puppentheater ...)

Alter 0 – 3 Jahre

Natur erleben

Mit dem Bollerwagen unterwegs

Um die Natur zu erkunden, nehmen wir einen Bollerwagen mit, damit die Krabbler und müden Läufer einfach mitgezogen werden und die Holperfahrt und frische Luft in Decken eng aneinandergekuschelt genießen können. So sind auch schnell Entfernungen zu nahe gelegenen Spielplätzen, Wiesen oder Waldwegen überwunden.
Mit dabei haben wir Verpflegung (Essen, Getränke) und Windeln für Notfälle.

Zwerge im Herbstwald

Angebot für alle

Zwerge im Herbst sammeln alles ein, was sie finden können: Blätter, Kastanien, Eicheln, Moos, Rindenstückchen ... Zuhause kommen die Esskastanien in den Ofen. Die Blätter pressen wir in Bücher zum Trocknen, danach können Kinder unter Eins damit spielen, Kinder unter Zwei sie aufkleben, ältere mit der Zahnbürste und Wasserfarbe ihre ersten Blätterdrucke machen. (➤ vgl. S. 79) Das Moos füllen wir in Rindenstückchen und gestalten eine Zwergenlandschaft.

Hinweis: Einen schönen Einblick in die ganzheitliche, gefühlsbetonte Naturwahrnehmung vermittelt: „Bei Zwergen, Elfen und Trollen" von S. Günther (➤ siehe Anhang, S. 124)

Die Natur nach drinnen holen

Es gibt ganz viele Möglichkeiten für Kinder, die Natur auch in Räumen zu genießen. Schon die Räumlichkeiten an sich sollten naturnah gestaltet sein. Mit Pastellfarben an den Wänden, natürlichen Stoffen als Bezügen und Holzmöbeln. Die Räume sollten eine Gemütlichkeit ausstrahlen, wie die Höhlenwohnung von Bilbo Beutlin persönlich. Blumen, Pflanzen, Zweige geben den Räumen zusätzlich eine natürliche Atmosphäre und sorgen für angenehmen jahreszeitlichen Raumschmuck.

Frei strampeln

Ab Säuglingsalter

Das Schönste ist es für einen Säugling, frei strampeln zu können, drum gilt: Wenn möglich, raus aus den Windeln und Luft an die Beinchen lassen. Die Babys genießen es sichtlich, sich frei strampelnd bewegen zu können. Glücklich, wer im warmen Frühling und Sommer geboren ist. Die ersten Sonnenstrahlen wärmen das Kind.

Barfuß sein

Für Krabbler und Läuflinge

Wann immer sich die Gelegenheit bietet, sollten wir den Kindern die Möglichkeit geben, barfuß zu sein. Wie die Hände wollen die Füße alles ertasten und Erdverbundenheit spüren. Ob auf der Wiese, im Sand, auf dem Waldboden ... Die Begleiter können etwaige Gefährdungen vor Ort selbst abschätzen!

Den Frühling suchen

Ab Säuglingsalter

Sobald es die ersten Sonnenstrahlen zulassen, gehen wir mit den Kindern hinaus, den Frühling zu suchen. Wir hören auf das Vogelgezwitscher, wir freuen uns über die Sonne, wir finden erste Frühlingsblüher ...

Sommerfreuden

Ab 6 Monaten

Egal ob am Planschbecken zuhause, im Schwimmbad oder an einem Bächlein – im Sommer genießen wir das Wasser! Da gibt es Wasserspielzeug für den Beckenrand zum Einfüllen mit Rädchen, die sich drehen ...

Ab einem Jahr

Da gibt es aufblasbare Gummitiere und Wasserbälle, Schwimmringe, Schwimmflügelchen ... Wir können uns an den Händen fassen und gemeinsam Wassertreten. Nach dem Wasser rubbeln wir die Kleinen mit dem Handtuch ab – eine wunderbare Erfahrung für den somatischen Bereich.
Wenn wir Brezeln dabei haben oder Äpfel: Nirgends schmeckt es so gut, wie an der frischen Luft. Dann werden alle eingecremt – wieder eine wunderbare Erfahrung für die Haut.

Sand und Wasser

Ab 6 Monaten

Ein Sandkasten darf nicht fehlen. Hier kann man sandeln und matschen. Die Füße einbuddeln, die Fingerchen können sich durch den Sand bohren, bis sie andere Fingerchen finden. Mit einem Eimer Wasser entstehen die schönsten Matschespiele – das genießen die Hände.

Fliegen wie die Vögel

Für Läuflinge

Bei einem Spaziergang breiten wir die Arme wie Flügel aus und rennen – es fühlt sich fast so an, als flögen wir wie die Vögel durch die Luft.

Galoppieren wie die Pferde

Für Läuflinge

Wir spielen Pferdchen und galoppieren über den Feldweg ...

Wiesenrollen

Ab einem Jahr

Es gibt nichts Schöneres für Kinder, als über einen Wiesenabhang zu rollen ...

Mäuschen im Maisfeld

Ab 2 Jahren

Im frühen Herbst verstecken wir uns wie die Mäuschen im Maisfeld, ein paar Maiskolben nehmen wir uns mit nach Hause, kochen sie ab und knabbern sie mit Butter ganz nach Mäuseart.

Alter 0 – 3 Jahre

Umwelten erfahren

Kulturelle Umwelten erfahren Kinder zuerst durch die sie umgebenden Räume. Diese Räume sollen genauso zum Wohlfühlen einladen wie zum Erkunden, Entdecken und Erobern.
Neben diesen ersten, unmittelbaren Räumen im Lebensmittelpunkt der Kinder, hat das Kind in den ersten drei Lebensjahren auch Kontakt zu kulturellen Umwelten, die außerhalb liegen, doch nimmt es sie indirekt vermittelt durch seine ihn umgebenden Bezugspersonen wahr.

Wohlfühlräume

Wir fühlen uns in Räumen wohl, die durch Licht- und Farbgestaltung harmonisch wirken.
Räume dürfen nicht zugestopft sein, sie müssen Raum lassen für Bewegung, für Entspannung, für Veränderung, für verschiedene Aktivitäten, Spiel- und Bildungsangebote.
Wohlfühlräume sind gut zu lüften, dass ein angenehmes Raumklima herrscht. Sie müssen für Kinder nicht in knalligen Primärfarben gestrichen sein, angenehme Pastellfarben tragen mehr zum Wohlfühlen bei. Sie haben wenig Ecken und Kanten und sind sie für Kinder unter Drei konzipiert, so beziehen wir verstärkt den Boden mit ein, dann ist Raum zum freien Krabbeln, Bewegen, Spielen und Begegnen.
Bei der Raumgestaltung sollten wir darauf achten, dass die Räume so flexibel sind, dass alle unten genannten Bildungsräume hierin Platz finden.

Bildungsräume

Raum zum Ankommen und zum Verabschieden

In jedem Haus, in jeder Wohnung gibt es einen Ort, Menschen zu empfangen und zu verabschieden. Dieser Ort beginnt direkt nach der Türe. Hier findet die Begrüßung statt, der Eintretende kann seinen Mantel ablegen und Fragen nach dem Befinden ermöglichen es dem Neuling, ganz anzukommen! Dieser Raum wird besonders wichtig, wenn Kleinkinder sich gleichzeitig von ihren Eltern verabschieden und auf eine andere Bezugsperson einstellen sollen. Es muss eine angenehme Atmosphäre gewährleistet sein, die Willkommen ausstrahlt, in der die Erzieherin das Kind und die Eltern begrüßen und das Kind in Empfang nehmen kann.

Da die Eltern sich Zeit bei der „Übergabe" und dem Abschied lassen und den Kindern beim Ausziehen und Schuhchen anziehen helfen, ist Platz nötig, dass sich Eltern auch hinsetzen können.

Raum für die somatische Wahrnehmung

Die Wahrnehmung über die Haut passiert hauptsächlich bei der Körperpflege. Sind wir uns bewusst darüber, gestalten wir die Körperpflege intensiver, geben ihr mehr Zeit und natürlich auch Raum.

- Pflegeräume sollen, um zur Entspannung bei zu tragen, warm sein
- Es ist sinnvoll, wenn über Wickelkommoden ein Regal ist für verschiedene Spieldinge zur somatischen Wahrnehmung wie Schwämmchen, Igelbälle, Federchen, Babyöl zum Massieren ...
- Kleine Sitzbadewannen sind sinnvoll, damit Kinder im Wasser lange plantschen können. Diese ebenerdig konzipieren, damit das Kind nicht tief fällt, falls es uns aus den Händen gleitet. Geeignet sind auch Duschwannen.
- An Spieldingen eignen sich Gummitierchen, Spritzfische, alte Shampooflaschen, Plastikbecherchen zum Umfüllen ...

- Neben den Räumen zur Pflege, lassen sich auch andere Räume nach somatischen Aspekten gestalten. Dabei achten wir auf unterschiedliche Materialbeschaffenheiten bei Liegepolstern. Wir können Schaffelle auflegen, Steppdecken, Frotteedecken ...
- Liegelandschaften zum Entspannen mit unterschiedlichen Oberflächenbeschaffenheiten möglichst aus natürlichen Materialien. Als Liegeflächen eignen sich auch Wasserbetten, Luftmatratzen und große Sitzkissen.
- Bekannt ist das Bällchenbad zur somatischen Wahrnehmung (➤ siehe auch Seite 53).

Raum für die vestibuläre Wahrnehmung

Alles, was schaukelt und schwindelig macht, ist bei Kindern beliebt und dient dem Aufbau des Gleichgewichtssinns. Folgende Einrichtungselemente sind möglich:
- Sitzwippen für ganz kleine
- Hängematten, die über Matten aufgehängt sind
- Auch die gute, alte Kinderwiege tut hier ihre Dienste
- Schaukeln, die im Türrahmen aufgehängt sind
- Für Kinder ab dem zweiten Lebensjahr eignen sich Schaukeltonnen, in denen man sich rollen kann.
- Ein kleines Trampolin für Kinder ab zwei.

Raum für die visuelle Wahrnehmung

Bei der Raumgestaltung achten wir darauf, dass Kinder immer was zu schauen haben, dass sich aber Raumweite und interessante Objekte deutlich voneinander abheben. Kinder sind von zu viel visuellen Reizen überfordert.
Das Sehen wird angeregt durch
- sich bewegende Objekte.
- frei hängende Mobiles – sie regen über der Wickelkommode die visuelle Wahrnehmung der Kinder in Rückenlage an.
- Prismen am Fenster – sie bringen bunte Lichtreflexe in den Raum.
- angenehme Beleuchtungsquellen – sie erzeugen eine schöne Atmosphäre.

Raum für die taktile Wahrnehmung

Bei der Raumgestaltung achten wir auf angenehme, unterschiedliche Materialien.
Einerseits halten wir genügend Materialien für die taktile Wahrnehmung bereit, andererseits sorgen wir mit guten Aufbewahrungsmöglichkeiten dafür, dass nicht zu viel Kleinkram auf einmal herumliegt, auch das führt zu einer Überreizung der Sinne.
An Materialien eignen sich neben altersgemäßem Spielzeug beispielsweise
- eine Knopfschachtel
- Muggelsteine
- Tastsäckchen
- Tastbretter
- Tastschläuche
- unterschiedlichste Bälle
- alle Arten von Greiflingen
- Knisterpapier
- Lammfellchen
- Federn
- Watte
- Naturmaterialien: Kastanien, Blätter, Trockenerbsen, Steine, Hölzchen, Tannenzapfen ...

Raum für Nasen

Bei der Raumgestaltung achten wir zuerst auf eine angenehme Belüftung. Darauf, dass sich die Fenster öffnen lassen, dass Luft und Vogelgezwitscher nach innen kommen können. Die Luft sollte in den Wintermonaten genügend feucht gehalten werden, dass kleine Kindernasen nicht austrocknen in der Heizungsluft. Die Raumluft lässt sich auch angenehm aromatisieren durch sparsam eingesetzte ätherische Öle. Hierbei gibt es ein paar ausgesprochene Kinderdüfte, die harmonisierend wirken, z. B. Vanille, Mandarine, Orange. Bitte hier nicht überdosieren und auf reine ätherische Essenzen achten. Wir können aber auch mit Lavendelsäckchen, den Schalen von Mandarinen auf der Heizung oder mit einem Rosenpotpourri für angenehme Düfte sorgen. Auch hier gilt: Weniger und eindeutige Düfte sind deutlicher wahrnehmbar.

Raum für Geschmack

Hauptraum ist hier die Küche, sie ist für Kinder ganz spannend. Hier brutzelt ein Ei auf dem Herd, hier riecht es lecker nach Essen, hier wird Essen zubereitet, hier wird gemeinsam gegessen, hier gibt es etwas zu Trinken. Die Kinder spüren, dass das der Lebensmittelpunkt im Haus ist. Kinder helfen gerne im Haushalt mit. Hier können sie probieren, mit Wasser plantschen, Töpfe und Deckel zum Hantieren finden ... Die Küche sollte der zentrale Platz im Haus sein.

Raum für Gemeinschaft

Zur Küche gehört der Esstisch, an dem sich alle versammeln. Essen heißt nicht nur Nahrung zu sich zu nehmen, Essen heißt, mit anderen zusammensitzen, das Essen genießen, zusammen sprechen und sich ausruhen. Entsprechend warm, gemütlich, freundlich sollte dieser Essplatz sein. Von der Farbgebung ist ein warmer Rotton passend, denn er steht für die Leiblichkeit und regt die Verdauung an.
Raum für Gemeinschaft sollte auch der Empfangsraum sein. Hier ist Raum zum Ankommen, für Begrüßung aber auch Abschied. Raum für Gemeinschaft bieten auch ein großer Teppich mit Schmusekissen und die Liegewiese.

Raum zum Entspannen

Raum zum Entspannen ermöglichen verschiedene Elemente
* angenehme Liegemöglichkeiten
* *Entspannungsmusik* (wiederkehrende Melodien die nicht zu rhythmisch sind ➤ vgl. S. 8)
* ätherische Öle
* gedämpfte Lichtverhältnisse
* Mobiles
* ein Moskitonetz
* verschiedene Ebenen und Winkel für Rückzugsmöglichkeiten

(➤ Weiterführende Anregungen für Raumgestaltung und Bildungsangebote in den frühen Wahrnehmungsbereichen in Sybille Günther „Snoezelen – Traumstunden für Kinder", s. Anhang S. 124)

Raum für Bewegung

Kinder wollen krabbeln, robben, sitzen, sich hochziehen, an der Wand lang laufen, frei laufen. Sie wollen klettern, rutschen, rennen, hüpfen, tanzen, balancieren. Sie wollen toben, sich wälzen und kugeln. Am besten geht das natürlich auf einem Spielplatz draußen, aber auch drinnen bieten wir von der Raumgestaltung her Möglichkeit dies zu tun. Wir fangen auf dem Boden an.
* Eine Kuscheldecke ermöglicht den Kindern zu strampeln, krabbeln und sitzen.
* Eine Matratze mit Kissen ermöglicht ihnen zu krabbeln, sich zu drehen und zu toben auf weicherem Untergrund. Dies bietet ein Erfahrungsfeld für den Gleichgewichtssinn.
* Möbel zum Hochziehen mit Bodenabstand von etwa 30 cm ermöglichen es den Kindern, sich in den Stand hochzuziehen.
* Drei, vier Stufen ermöglichen dem Kind zu klettern.
* Eine schräge Ebene ermöglicht ihnen zu rutschen.
* Eine kleine Sprossenwand unterlegt mit einer weichen Matte lässt Kinder sicher klettern, ohne sich beim Fallen weh zu tun.

- Eine umgekehrte Turnbank lädt zum balancieren ein.
- Ein Kriechtunnel verführt zum hindurchkrabbeln.
- Bewegliche Möbel schaffen schnell Platz zum Rennen und Tanzen.

Raum zum Erforschen, Erkunden und Experimentieren

Bei der Raumgestaltung achten wir darauf, dass Kinder egal welchen Alters überall Angebote zum Betätigen finden, bei denen sie sich nicht gefährden können. So werden

- kurzfristig Topfschränke sicher gemacht,
- bestimmte Schubladen zum Erkunden freigegeben.
- Kindersicherungen in Steckdosen angebracht ...

Gleichzeitig halten wir immer einfache, neue Überraschungen bereit:

- leere Klopapierrollen
- Schuhkartons
- größere Kartons vom Einkauf zum Hineinkrabbeln oder als Rollenspielkulisse
- einfache Eierkartons zum Stapeln
- Joghurtbecher zum Stapeln, Befüllen und Ausleeren ...

Als vorgefertigtes Spielzeug, sind folgende Spieldinge denkbar:

- Bauklötze
- Hammerbank
- Formensortierkästen
- ein Gefährt zum ein- und ausladen
- Bauernhoftiere
- eine feststehende Kugelbahn
- ein großer Brummkreisel
- Schiebetiere
- Nachziehtiere
- Puppen
- Puppenmöbel
- Eine Puppenkarre
- Fingerspielpüppchen

Raum zum Zuhören, Sprechen und Schmökern

Bei der Raumgestaltung dient eine Kuschelecke dazu, dass große Leute sich entspannen und kleinen Leuten erzählen, Fingerpüppchen vorspielen, erste Bilderbücher betrachten (➤ vgl. S. 66)

Raum zum musischen Tun

Bei der Raumgestaltung soll Platz sein für gestalterisches Tun.

- Auf einer Wachstischdecke können Kinder im zweiten Lebenshalbjahr mit Naturmaterialien hantieren. Erste Malversuche auf großen Papierbögen starten oder Papier und andere Verpackungsmaterialien reißen knüllen und so weiter.
- An einem Kindertisch malen, kleben, kneten und wirken Ein- und Zweijährige.
- Auf einer Spieldecke machen Kinder im zweiten Lebenshalbjahr erste Erfahrungen mit Musikinstrumenten.
- Diese finden Platz in Regalen in Bodennähe, wo sie sich die Kinder selbst herausziehen können.

Räumliche Mindestanforderungen

Alle genannten Bildungsräume lassen sich bei flexibler, veränderbarer Raumgestaltung in folgende Räume unterbringen:

1 Spielraum
1 Bewegungsraum
1 Ruheraum
1 Küche
1 Elternzimmer
1 Garderobe
1 Sanitärraum mit Wickelmöglichkeit
Außenspielfläche

WIE MACHEN WIR DAS?

Dieses Kapitel beschäftigt sich mit den methodischen Überlegungen, wie wir das bisher Entwickelte umsetzen können. Hierzu gehören die methodischen Prinzipien, wie wir Kinder unter Drei begleiten und unterstützen können auf ihrem Weg in die Welt. Danach richte ich den Fokus noch einmal auf das Spiel mit Kindern, denn Kinder lernen spielend und die Erwachsenen sollten zu aktiven Mitspielern für Kinder werden. Da fühlen sich die Kinder verstanden und respektiert. Respektvolle Mitspieler sein, in allem was wir tun, auch im täglichen Umgang und der Beziehungsgestaltung mit Kindern wie Erwachsenen ist, denke ich, die wichtigste Spielregel im Leben!

Da ich dieses Buch für Eltern, Tagesmütter und Einrichtungen schreibe, möchte ich dann noch zum Abschluss des Buches eine Idealeinrichtung für Frühe Bildung beschreiben. Dies beruht auf meinem heutigen Erkenntnis- und Diskussionsstand mit Eltern und ErzieherInnen. Möge dies zum Nutzen sein für die konzeptionelle Arbeit von Einrichtungen für Frühe Bildung, egal ob Kinderkrippen oder Kindertagesstätten. Zum Nutzen ist es auch für Tagesmütter, auch wenn hier die räumlichen Voraussetzungen natürlich kleiner und privater sind – es sind hier ja auch weniger Kinder in Obhut.

Von Nutzen ist es auch für Eltern, wenn sich die Frage stellt, ihre Kinder unter Drei stundenweise in eine Einrichtung zu geben, um gezielt nach den Standards der Einrichtung und ihrer Konzeption zu fragen.

Methodische Prinzipien

Damit sich mein Eingangswunsch aus dem Vorwort erfüllen kann, hier noch einmal die Ziele unserer Arbeit:
- starke Kinder
- kommunikative Kinder
- aktiv lernende Kinder
- gesunde Kinder
- Kinder, die sich sicher und wohl im eigenen Körper fühlen,
- die Sensibilität für andere entwickeln
- und die vor allem Lust am Leben und Lernen finden.

Diese Ziele erreichen wir mit den folgenden methodischen Prinzipien.

Entdeckendes Lernen

Kinder sind Entdecker! Spielerisch befriedigen sie ihr Neugierverhalten – finden zum Aha-Erlebnis und somit zu lustvoller Leistung. Kinder unter Drei sind „Forscher in Windeln", geben wir ihnen genügend Raum und Zeit, die Welt selbst zu entdecken. Das heißt für uns:
- uns in Zurückhaltung zu üben,
- zu schätzen, was sie eigenantriebig herausfinden,
- nicht zu schnell Lösungen parat zu haben!

Selbsttätigkeit

Selbsttätigkeit ist das höchste Gut, weil Kinder durch eigenes Handeln Erfahrungen sammeln. Diese Erfahrungen „aus erster Hand" bleiben am besten als Erlebnis im Gedächtnis haften. Kinder haben heutzutage viel zu wenige Primärerfahrungen – oft wird Wissen über Medien vermittelt, die losgelöst vom direkten Erleben sind.

Durch Selbsttätigkeit erleben die Kinder, dass sie selbst Einfluss nehmen können auf die Umwelt, ihr Gestalt geben können. Meines Erachtens ist das Wichtigste, was wir Kindern vermitteln können, die Fragestellung „Was möchte ich auf dieser Welt?" und die kreative Umsetzung „Wie kann ich es mit anderen verwirklichen?"

Durch Selbsttätigkeit zu Erfolgen zu kommen motiviert ungemein, diesen eigenaktiven Weg weiter zu gehen: weg vom angepassten Konsumverhalten, hin zum kreativen Schaffensprozess! „Hilf mir, es selbst zu tun" von Maria Montessori ist hierzu der beste Appell an Eltern und PädagogInnen, sich selbst etwas zurückzunehmen und den Kindern im Lernprozess mehr Raum für Eigenaktivität zu geben.

Handlungsorientierung

In der Handlung bringt der Mensch sich ganzheitlich ein. Mit Kopf – Herz – und Hand, wie Pestalozzi es formulierte, wird der Mensch zum handelnden Subjekt und tritt in Austausch mit anderen.
Nicht nur Umwelt wird gestaltet, auch der handelnde Mensch selbst verändert sich durch den Dialog mit anderen. Also erklären wir den Kindern nicht, wie die Welt nach unserer Vorstellung ist, sondern lassen sie handelnd erkunden, gestalten und mit anderen auf ihrem Erkenntnisweg kommunizieren.

Erfahrungslernen

Wir lernen durch Erfahrung. Je mehr Sinneskanäle bei diesem Erfahrungsprozess beteiligt sind, desto besser setzt sich das Gelernte als Erlebnis. Wissen, das ohne Erlebnis vermittelt wird, verliert schnell wieder seine Bedeutung, ist nicht als „sinnvoll" in die Persönlichkeit integriert. Besonders Kleinkinder sind sinnlich orientiert, aber auch Erwachsene lernen durch sinnliche Erfahrungen besser! Handlung und Erleben setzen sich als Erfahrung. Von daher bieten wir den Kindern viele Erfahrungsfelder, anstatt sie zu belehren!

Exemplarisches Lernen

Kinder lernen an Beispielen und sind in der Lage, das Gelernte auf andere Situationen zu übertragen – dafür sorgen die Synapsen des Gehirns schon ganz alleine. Das entlastet begleitende Bezugspersonen ungemein, weil wir uns davon befreien können, den Kindern ALLES beibringen zu müssen. Ein paar Teilausschnitte, die wir dann mit allen Sinnen beleben, reichen – den Rest machen die Kinder ganz alleine!

Kindorientierung / Bedürfnisorientierung

Setzen wir am Bedürfnis der Kinder an, wird Lernen für sie bedeutsam.
Um die Interessen, Bedürfnisse und Fähigkeiten von Kindern zu ermitteln, bedarf es der Beobachtung und Einfühlung, wer hierfür sensibel wird, „hört" die anstehenden Themen im Gespräch heraus, weiß was „angesagt" ist, kennt die Bedürfnisse der Lernenden. Entspricht ein Bildungsangebot nicht dem Lernbedürfnis, kann es nicht als bedeutsam erlebt werden und ist somit sinnlos. Passt das Angebot zu dem Lernbedürfnis, kann das neu Gelernte sich mit der Vorerfahrung verknüpfen – es macht Sinn!

Mitbestimmung

Mitbestimmung heißt, Kinder mit ihren Bedürfnissen in jede Planung mit einzubeziehen.

Ganzheitliches Lernen

Mit Ganzheitlichkeit ist der ganze Mensch gemeint. Wenn wir Kinder wollen, die Sensibilität für andere entwickeln, dann steht immer der Mensch im Vordergrund mit seinen Bedürfnissen und Nöten. Das heißt, dass bei all unseren Bemühungen nicht pädagogische Konzepte das Nonplusultra sind, sondern das, was wir vor Ort in der Situation vorfinden hat Vorrang vor allem anderen. Das macht den Menschen ganz! Dann erziehen wir Kinder, die mit Kopf, Herz und Hand ihr Leben angehen und immer wissen, was in der jeweiligen Situation gefragt ist.

Wie Erwachsene zu aktiven MitspielerInnen werden

Um die vorgenannten methodischen Prinzipien auf das Spiel mit Kindern unter Drei zu übertragen, hier ein kleiner Einführungskurs, der Erwachsene wieder zum spontanen Mitspielen ermuntert.

Oft ist es so, dass wir Erwachsenen uns im Spiel viel zu zielgerichtet verhalten, damit auch ja am Ende der Beschäftigung etwas „Gescheites" herauskommt, dass wir Kindern einfach keinen Freiraum gewähren können, obwohl wir es doch so gut meinen.

Wer mit Kindern wirklich spielen will, macht kein gelenktes Spielangebot, wie wir es von früher kennen, bei dem Erwachsene mit einer klaren Zielvorstellung ein Spiel gestalten und die Kinder durch Lob und Tadel zum Mitspielen führen. Mit Kindern spielen heißt vielmehr aktives Mitspielen des Erwachsenen, sodass ein echter Dialog zwischen beiden Spielpartnern entsteht und das Kind sich ernst genommen fühlt in seinen Aktivitäten, weil der Erwachsene die Spielregeln des Kindes auch annimmt.

Die Schritte sind folgendermaßen aufgebaut.

Beobachten der Aktivitäten der Kinder

Wenn wir wirklich mitspielen wollen, so müssen wir erst einmal
- sehen, was die Kinder eigenantriebig machen
- und ihre Spielregeln erkennen.

Die Spiele der unter Dreijährigen sind vielfältig. Es handelt sich um Funktionsspiele, Experimentierspiele, Nachahmungsspiele, Ein- und Ausräumspiele, Bewegungsspiele ...

Mitspielen

Erkennen wir das jeweilige Spiel, können wir es aktiv mitspielen, indem wir das Spiel der Kinder nachahmen.

Das Kind freut sich sehr darüber, wenn wir sein Spiel spielen – es erkennt uns als SpielpartnerIn und ist stolz, selbstbestimmt gestalten zu können. Hat uns das Kind als SpielpartnerIn akzeptiert, können auch wir neue Ideen ins Spiel einbringen – das gehört zu einem Zusammenspiel dazu. Und kooperieren wollen die Kinder als nächsten Schritt auf ihrem Entwicklungsweg lernen.

Sprachliches Begleiten

Automatisch werden wir das Spiel mit all seinen Aktionen sprachlich begleiten, das hilft dem Kind bei seiner Vorstellungskraft genauso wie beim Erlernen von Zusammenhängen und dem aktiven Spracherwerb.

Das können Sätze sein wie: „Jetzt nehme ich die Murmel und leg sie auf die Bahn" oder „Oh, klingelt die Murmel aber schön, wenn sie über das Klangspiel rollt".

Wechsel von Bekanntem zu Unbekanntem in kleinen Schritten

Beim Spielen können wir nun auch eigene Ideen einbringen – aber sie müssen dem Vermögen des Kindes angepasst sein und nur eine kleine Variation im Spielgeschehen darstellen.

Wenn das Kind beispielsweise durch eine Klopapierrolle hindurchschaut, können wir beispielsweise nach einer Weile des Mitspielens durch die Klopapierrolle Töne produzieren ...

Zurück zum Bekannten zur Wiederholung

Nimmt das Kind das neue Spiel an, können die beiden Spielformen miteinander abgewechselt werden.
Kann das Kind mit unserer Idee nichts anfangen, wird wieder das ihm bekannte Spiel wiederholt – z. B. wird wieder durch die Röhre geschaut.

Verschiedene Spiele mit einem Gegenstand

Damit unsere Kreativität im Spiel wächst, überlegen wir uns als kleine Kreativitätsübung, was man alles mit einem Gegenstand machen kann.

Um beim Beispiel „Klopapierrolle" zu bleiben, können wir sie eine schräge Ebene herunterrollen lassen, wir können Murmeln hindurchrollen lassen, wir können sie als Telefonhörer dem Kind ans Ohr halten und leise reinflüstern.

Die Möglichkeiten sind unbegrenzt. Experimentierverhalten wird angeregt.

Bekannte Spiele mit anderen Gegenständen

Haben wir zuerst verschiedene Spiele mit einem Gegenstand gespielt, können wir auch eine dem Kind bekannte Spielform auf andere Gegenstände übertragen, auch so kommt Variation ins Spielgeschehen und das Kind kann Veränderungen beobachten.

Klopft das Kind beispielsweise mit einem Baustein auf einen anderen, greifen wir nach einer Weile des Mitspielens das Klopfen auf und klopfen mit dem Bauklotz auf ein Klangspiel, mit der Hand auf eine Trommel oder mit dem Hämmerchen aufs Klopfspiel.

Liebt es das Kind, zu rühren, können wir in einer Bodenvase rühren, in einem Topf oder einer Rührtrommel und so weiter.

Zeit für Kinder

Ansonsten brauchen wir nur Zeit für Kinder:

Zeit zum Essen
Zeit zum Trinken
Zeit zur Körperpflege
Zeit zum Ruhen
Zeit zum Bewegen
Zeit zum Anziehen
Zeit zum Händewaschen
Zeit zum Ausprobieren
Zeit zum Hüpfen
Zeit für Blödsinn
Zeit für den Augenblick!

Konzeptionelle Überlegungen für eine Einrichtung „Frühe Bildung"

Aufnahmealter

Grundsätzlich kann ein Kind jeden Alters von anderen Bezugspersonen als den Eltern betreut werden. Bei Kindern unter einem Jahr muss dann aber gewährt sein, dass wirklich alle Bedürfnisse rund um die Uhr gestillt werden können. (➤ vgl. S. 27) Kinder ab einem Jahr suchen den Kontakt zu anderen Menschen – auch zu Kindern. Ab einem Jahr kann ein Kind auf jeden Fall von anderen konstanten Bezugspersonen betreut werden. Allerdings müssen die Personen den Kindern vertraut sein und das Kind muss sich wohlfühlen (➤ siehe Eingewöhnungszeit, S. 113).

Eingewöhnungszeit

Die nächsten Zeilen habe ich aus der Konzeption der Kinderbetreuungs- und Beratungsstätte Vogelnest e.V. übernommen (siehe Anhang), weil es hier besonders schön praktiziert wird. Den Kindern dieser Einrichtung mit ihrer Leiterin Frau Katharina Lating haben wir auch die schönen Fotos im Buch zu verdanken.

Kinderbetreuungs- und Beratungsstätte Vogelnest e.V.:

„Der erste wichtige Schritt in unserer Einrichtung bedeutet für die Eltern und die Kinder die Eingewöhnungsphase. Die meisten Kinder freuen sich auf das Vogelnest. Die Trennung fällt trotzdem nicht immer leicht und muss sehr behutsam geschehen. Je mehr Zeit wir dem Kind geben, desto schöner ist der Einstieg in die neue Welt. Wir bieten das 3-Phasenmodell an, es hat sich für uns sehr bewährt. Wir sind dabei jedoch auf die Unterstützung der Eltern angewiesen.
Die Eingewöhnung dauert unterschiedlich lang und besteht aus drei Phasen, die ineinander fließen.

Phase 1 „Vertrauensaufbau"

Der erste Besuch erfolgt z.B. bei der Anmeldung oder anlässlich eines Schnuppertages. Es folgen die ersten „echten Schnuppertage". Die Mutter / der Vater besucht gemeinsam mit dem Kind unser Vogelnest.

Wie können Eltern die Eingewöhnung unterstützen? – Indem sie dem Kind Zeit lassen.

Manche Kinder beobachten sehr lang in sicherer Nähe zu Mutter / Vater, was sich alles tut, und sammeln Informationen, die ihnen Sicherheit geben. Andere wiederum nehmen sehr schnell aktiv am Geschehen teil und brauchen die Eltern nur als „sicheren Hafen". Es hilft dem Kind, wenn sich Eltern nicht zu sehr einmischen, da sich das Kind ja in gewissem Sinn von den Eltern lösen soll.

Es reicht, wenn das Kind weiß, dass es seinen „sicheren Hafen" immer wieder ansteuern kann. Dann wird es in einem eigenen Tempo und auf seine eigene Art und Weise Kontakt zu seiner neuen Umgebung aufnehmen.

Vor allem an den ersten Tagen ist es sehr wichtig, dass die Mutter / der Vater ständig im Raum bleibt, damit das Kind ihre / seine Aufmerksamkeit spüren kann. Die Aufgabe der Erzieherin besteht in dieser ersten Phase darin, langsam und behutsam zum Kind Kontakt aufzunehmen.
Dieser Vertrauensaufbau dauert bei manchen Kindern kürzer, bei anderen länger, im Allgemeinen aber ca. zwei Wochen. Deshalb kann die nächste Phase (kurze Trennungsversuche) schon nach einigen Tagen einsetzen.

Phase 2 „Erste kurzzeitige Trennung"

Diese unterscheidet sich von der Phase des Vertrauensaufbaus, soll aber erst beginnen, wenn die Eltern und die Erzieherin spüren, dass sich das Kind sicher fühlt. Frühestens nach den ersten drei, vier Tagen ist der erste Versuch einer kurzzeitigen Trennung sinnvoll. Wie in der gesamten Erziehungsarbeit kann man auch hier kein „Patentrezept" erstellen, da jedes Kind anders ist und ein anderes Bindungsverhalten hat.

Die kurze Trennung sieht so aus, dass sich der Vater / die Mutter von dem Kind verabschiedet, um „kurz" einmal hinauszugehen. Ganz wichtig ist dabei, sich nicht davonzuschleichen, sondern das Kind über das kurze Weggehen zu informieren. Das Kind soll nicht plötzlich feststellen müssen, dass es „alleine gelassen" wurde. Die Mutter / der Vater soll „unsichtbar" in der Nähe bleiben, um, wenn nötig rasch wieder geholt werden zu können.

Diese erste Trennung sollte wirklich nur von kurzer Dauer sein, so dass das Kind sie als positive Erfahrung erlebt, die es gut gemeistert hat.

Reagiert das Kind ruhig, bzw. lässt es sich von der Erzieherin rasch beruhigen, kann diese Trennung ausgedehnt werden. Wenn das Kind allerdings sehr irritiert reagiert, z. B. sehr weint, körperlich stark angespannt ist, muss man diesen Trennungsversuch sofort abbrechen, es für diesen Tag belassen und sollte es erst wieder in der folgenden Woche versuchen.

In dieser Zeit der ersten Trennungsversuche übernimmt die Erzieherin langsam immer mehr die Versorgung des Kindes und versucht, über das Spiel mit dem Kind in Kontakt zu kommen und Vertrauen aufzubauen. Um das zu ermöglichen, ist es wichtig, dass die Eltern sich zurückhalten und passiv bleiben. Sind die ersten Trennungsversuche positiv verlaufen, kann sich nun der Zeitraum der Trennung stundenweise vergrößern. Die Mutter / der Vater sollte aber trotzdem in erreichbarer Nähe bleiben.

Phase 3 „Ende der Eingewöhnung"

Abgeschlossen ist die Eingewöhnungsphase dann, wenn zwischen dem Kind und der Erzieherin eine tragfähige, vertrauensvolle Beziehung hergestellt worden ist – das Kind sich in seiner neuen Umgebung wohl und sicher fühlt. Das Kind lässt sich von der Erzieherin trösten, auch wenn es nach der Verabschiedung der Mutter / des Vaters noch immer protestiert, was ja auch sein gutes Recht ist. Für seine psychische Entwicklung ist es wichtig, dass ein Kind lernt bzw. nicht „verlernt", seine Gefühle zu äußern und Trost und Zuspruch in Anspruch zu nehmen. Nach erfolgreicher Eingewöhnung lässt sich das Kind rasch trösten und aufheitern und kann sich seinen neuen Freunden und den Spielen widmen.

Tipps aus der Praxis

Das Kind kann sich leichter orientieren, wenn es bei diesen ersten langen Trennungsversuchen ein kurzes Abschiedsritual zwischen Mutter / Vater und Kind gibt, das sich jeden Tag wiederholt.

Für die Mutter / den Vater ist es anfangs oft beruhigend, sich nach der Verabschiedung telefonisch zu erkundigen, ob sich das Kind schnell beruhigt hat.

Ein Stück von „zu Hause" in die neue Umgebung mitzugeben, ein Kuscheltier, ein Schmusetuch, ein Lieblingsspielzeug, hilft dem Kind, sich in der noch ungewohnten Situation sicher zu fühlen"

Anforderungen an Bezugspersonen für Kinder unter Drei

*Wenn ihr nicht umkehrt und wie die Kinder werdet,
könnt ihr nicht in das Himmelreich kommen.
Matthäus 18,1-5*

In erster Linie richten sich die nächsten Zeilen an ErzieherInnen einer Einrichtung für Frühe Bildung, doch beim zweiten Hinsehen genauso an Eltern und Tagesmütter.
Dabei setze ich die fachliche Kompetenz (Ausbildung, Fortbildung usw.) voraus, sie ist in Einrichtungen gewährter Standard, den ich voraussetzen kann. Ich richte den Fokus auf die persönliche Kompetenz, die eine Bezugsperson für Kinder unter Drei haben sollte:

- Wer mit Kindern arbeiten und leben darf, bekommt eine zweite Chance, Kindheit selbst zu erleben. Die besten Wegbegleiter für Kinder sind Erwachsene, die selbst Zugang zu ihrem inneren Kind haben, die ihr freies Kind leben, die den Augenblick schätzen – das ist als würde man die Welt einen Moment anhalten, um diesen Moment einfach zu genießen.
- Wer Zugang zu seinem inneren Kind gefunden hat, kann sich dem Spiel der Kinder entspannt widmen, kann sehen was sie beschäftigt, was in ihnen vorgeht, und mühelos mitspielen, ohne das Spiel von Kindern zu hemmen. Spielimpulse fließen dann frei.
- Wer sich Kindern wirklich widmet, spürt, was der Augenblick verlangt, spürt, was sie brauchen, kann ihre Gemütslagen verstehen.
- Widmen wir uns Kindern wirklich, hören wir sie förmlich denken, sehen wir welchen Herausforderungen sie sich stellen. Wir brauchen uns nicht zu überlegen, was Kinder brauchen könnten – wir erinnern uns einfach!

Dann haben wir das, was Eltern und ErzieherInnen mir spontan auf die Frage geantwortet haben, was für Anforderungen sie an Bezugspersonen für Kinder unter Drei stellen:
- Ausstrahlung
- Auf Augenhöhe spielen
- Eine sehr mütterliche / väterliche, annehmende Art!

Personalschlüssel

Der Gesetzgeber verlangt
- unter 5 Kindern 1 ErzieherIn
- ab 5 Kindern 2 ErzieherInnen.

Eine Mutter meinte auf meine Frage nach dem optimalen Personalschlüssel: „Eins zu eins – oder?", rieb sich die Nase und lachte.

Und tatsächlich bietet die oben genannte Kinderbetreuungs- und Beratungsstätte Vogelnest eine 1:1 Betreuung bei Säuglingen an – obwohl dies der Gesetzgeber nicht fordert! Drum der Rat an Eltern: Erkundigen Sie sich vor Ort bei den Einrichtungen genau nach dem jeweiligen Angebot!

Tagesstruktur – Zeitgestaltung

Kinder lieben und brauchen Rituale, dies vermittelt ihnen Sicherheit, Verlässlichkeit und Stabilität. Sie brauchen einen strukturierten Tagesablauf, um sich im Alltag zurechtzufinden und sich geborgen zu fühlen. Bedacht werden müssen bei der Strukturierung des Tagesablaufes die Bedürfnisse der Kinder und Eltern, die zu integrieren sind. Auch den Eltern dient dieser grobe Rahmen zur Orientierung. Tagesstruktur und ausreichendes Personalangebot müssen gewährleisten, dass immer Zeit ist zur unmittelbaren Bedürfnisbefriedigung von Kindern unter Drei – diese hat immer Priorität!

Folgende Elemente bestimmen den Tagesablauf in einer Einrichtung für Kinder unter Drei:

Beispiel für eine Tagesstruktur

Beispiel der Kinderbetreuungs- und Beratungsstätte Vogelnest e.V. (➤ siehe Anhang). Diese erstreckt sich über den ganzen Tag. Allerdings entscheiden die Eltern Bring- und Abholzeiten, sodass ein Kind nicht den ganzen Tag in der Einrichtung ist.

7.00 – 8.00	Frühdienst
8.00 – 9.00	Freispiel „Tür- und Angel-Gespräche mit Eltern, Vorbereitung von Aktionen
9.15 – 9.45	Gemeinsame Frühstückszeit
9.45 – 11.00	die Gruppen teilen sich altersgemäß in
	• pädagogisches Arbeiten
	• Freispielaktionen
	• Outdoorbereich
11.00 – 11.30	gemeinsames Treffen
11.30	Tischritual – gemeinsames Mittagessen
12.00 – 13.00	Die Kleinen schlafen oder ruhen sich aus andere beschäftigen sich im Gruppenzimmer Abholzeit für Vormittagskinder
13.00 – 14.30	angeleitetes Freispiel
15.00	Nachmittagsvesper Aktionen in Kleingruppen
15.30 – 16.00	gemeinsames Treffen
16.00 – 17.00	angeleitetes Freispiel
17.00 – 18.00	Abholzeit

Zeit zum Ankommen

Bei Kindern unter Drei ist es für den weiteren Tagesablauf ganz entscheidend, ihnen einen sanften morgendlichen Übergang von der Familie in die Einrichtung zu gewährleisten.

Günstig ist es, wenn die Eltern schon zuhause genügend Zeit einplanen für das morgendliche Ritual zuhause. Wir wissen, je selbstbestimmter die Kinder werden, umso mehr Zeit brauchen sie beim Frühstück, im Bad und beim Anziehen (➤ vgl. S. 39).

Beim Übergang in die Einrichtung muss Zeit sein zur Begrüßung – zum Empfang des Kindes durch die Erzieherin und zum Lösen des Kindes von den Eltern. Damit ist das Ankommen noch nicht abgeschlossen.

Die Erzieherin nimmt sich nun Zeit, das Kind in die Gruppe zu begleiten.

- Vielleicht will das Kind erstmal mit der Erzieherin ein Buch anschauen, also alleinige Aufmerksamkeit bekommen, um die Beziehung für den Tag zu festigen, den „sicheren Hafen" auch hier zu spüren.
- Vielleicht das mitgebrachte Spielzeug zeigen – was auch immer.

Die Erzieherin bezieht erst andere Kinder ins Geschehen ein, wenn sie spürt, dass das Kind angekommen ist.

Zeit für Gemeinsamkeit

Gemeinsamkeit kann sich unterschiedlich gestalten, das reicht von der 1:1 Zuwendung bis hin zu allen in der Einrichtung.

Günstig ist nach dem Ankommen aller Kinder, sich erst einmal zu versammeln, um den gemeinsamen Tag zu begrüßen. Für dieses Ritual eignet sich die gemütlichste Ecke der Einrichtung. Von einem Stuhlkreis rate ich in so jungen Jahren ab, jeder sollte es sich nach seinen Bedürfnissen bequem machen können.

Schön ist ein gemeinsames Morgenlied zu singen, Kleinere werden auf dem Arm gewiegt und genießen einfach den Gesang und spüren durch die Körpernähe die gleiche Bedeutung durch Gefühlsansteckung. Ziel ist Gemeinschaft zu spüren, dass alle im Boot sind, nicht das Trainieren von Durchhaltevermögen – drum versammelt man sich zwanglos!

Zeit für Gemeinsamkeit ist auch, wenn Kinder Nähe suchen. Dann kann sich eine Erzieherin auch mit ein paar Kindern in der Kuschelecke ein Bilderbuch betrachten oder mit Fingerpuppen erzählen und so den Kindern „Anker" sein.

Auch zum Abschied ist es schön noch einmal zusammenzukommen, zu fragen was jeder gemacht hat oder was ansteht für den nächsten Tag.

Zeit zum Essen

Wie in der Familie gibt es gemeinsame Mahlzeiten: Frühstück oder Vesper, Mittagessen, Kinder„kaffee" und ein Abendessen – je nach dem, wann die Kinder fremd betreut werden.

Die gemeinsamen Mahlzeiten haben zweierlei Funktion. Zum einen dienen sie der Nahrungsaufnahme, zum anderen ist es ein geselliger Anlass.

Dazu gehört,
- dass sich alle wohlfühlen,
- dass das Essen das Auge erfreut,
- dass man füreinander sorgt,
- dass man sich unterhält,
- dass man die Geselligkeit wie in der Familie genießt,
- einfach altersgemäße Ess- und Tischkultur.

Da stört es nicht, wenn die Kleinen noch manschen, die Größeren schon im Gespräch sind. Jeder wie er kann! Die Kleinen eifern den Größeren nach, wollen auch alleine essen können, selber trinken, begleiten das erste Weiterreichen mit „Bitte" und „Danke"!

Wer kann, hilft beim Tischdecken und Abräumen und das zum wohlverdaulichen Genuss für alle! Selbstverständlich essen die erwachsenen Bezugspersonen mit! Und am Anfang des Essens halten sich alle an der Hand und wünschen sich mit einem rituellen Tischspruch einen „Guten Appetit!"

Zeit zum Spielen

Sind alle angekommen, entscheiden die Kinder, was sie machen wollen.
Hier ist es die Aufgabe der Erzieherin, alle Kinder im Blick zu haben, um die Bedürfnisse zu erspüren. Die einen beschäftigen sich spontan mit einem Material, die anderen brauchen Unterstützung dabei, herauszufinden, was sie wollen. Wieder andere suchen das Spiel mit der Bezugsperson.
So kann die Erzieherin „sicherer Hafen" und „Arbeitsberatung" sein oder aktiv mitspielen, wenn es gewünscht wird.

Zeit zum Ausruhen und Entspannen

Immer wieder gibt es individuelle „Ruheinseln", wie sie jeder braucht. Nach dem Mittagessen ist allgemein Zeit zum Ausruhen und Entspannen, die Jüngeren brauchen jetzt ihr Mittagsschläfchen, die Größeren entspannen sich mit ruhigeren Beschäftigungen. Hier kann auch ein Bilderbuch mit einer Erzieherin geschaut werden, einer CD gemeinsam gelauscht werden.
Kinder entspannen, wenn Erwachsene auch entspannen! Im Ruheraum mit Schlafmatratze bleibt die Erzieherin beim Kind, bis es eingeschlafen ist,. Aufstehen können die Kleinen dann wieder ganz von alleine – die Matratze ist ja ebenerdig. (▶ vgl. S. 40)

Zeit für Körperpflege

Ganz wie in der Familie wird da mal ein Mund abgewischt, da mal das Haar gekämmt, hier mal von klebrigen Händen befreit oder ein eingerissenes Fingernägelchen geschnitten.
Auch „sich schön machen" gehört dazu. Warum denn nicht mal ein paar Zöpfe flechten, warum denn nicht mal eine coole Welle gelen? Warum denn nicht mal Fingernägel lackieren und mit kleinen Nageltattoos verhübschen ...
Pflege ist immer auch gleichzeitig Einzelzuwendung mit Zeit für nette Worte, Gesten und absolutem Respekt vor der Intimsphäre des Kindes.
Je nach Bedarf werden die Kleineren gewickelt (▶ vgl. hierzu S. 50), den Größeren gibt man da

Unterstützung, wo sie noch Unterstützung brauchen – vom Töpfchen bis zur normalen Toilette und neuer Hose, wenn mal was daneben geht!

Zeit zum Bewegen

Kinder brauchen für eine gesunde Entwicklung Bewegung, schließlich lernen sie durch Bewegung. Im Tagesablauf muss der Bewegung genügend Raum gegeben werden.

Zeit für frische Luft

Kinder brauchen viel Bewegung an der frischen Luft. Drum muss zur Einrichtung eine Außenspielfläche gehören. Damit sie die Natur ganzheitlich wahrnehmen können, werden auch Ausflüge zum nahegelegenen Spielplatz, in den Wald, auf die Wiese, an den Bach, ins Schwimmbad mit eingeplant (▶ vgl. Natur und kulturelle Umwelten S. 94ff)

Zeit für ein tägliches Highlight

Wie wir Angebote der Erwachsenenbildung schätzen, gibt es auch ein tägliches Angebot für Kinder ab dem zweiten Lebensjahr. Wie in der Erwachsenenbildung hat es animativen Charakter, die Teilnahme ist freiwillig und orientiert sich am Bedürfnis der Kinder. Eine frühzeitige Beteiligung der Kinder ist wichtig, am besten bestimmen sie selbst, was sie interessiert. Das können kleine Projekte sein über einen längeren Zeitraum, (für Kinder ab 2) oder eintägige Angebote mit besonderem Charakter. Die Themen sind unerschöpflich, ob Mathe zum Anfassen, Englisch für Anfänger, ein Tanzkurs, Freie Malerei an der Staffelei, eine Zirkusschule ... Diese Angebote werden von der Erzieherin längerfristig geplant und Eltern sehen auf der Pinwand einen Wochenplan welcher „Workshop" wann angeboten wird. Da sie auch die Fähigkeiten und Bedürfnisse ihrer Kinder kennen, können sie mit dem Kind gemeinsam besprechen, was interessant sein könnte. Hier können auch die Kompetenzen der Eltern einfließen. Zum Beispiel kann eine amerikanische Mutter mit einer Erzieherin gemeinsam wunderbar englische Reigenspiele mit den Kindern veranstalten.

Zeit für Feste

So, wie der Tag gegliedert ist, gliedert sich das Jahr. Begleitet vom Wechsel der Jahreszeiten, nehmen die Kinder diesen Kreislauf am besten über die Jahresfeste war. So nehmen die Jahresfeste auch einen festen Bestandteil im Gruppengeschehen ein, ob ein ausgelassenes Fasnachtsfest, das Wiedererwachen der Natur zu Ostern, ein Sommerfest mit allen Kindern, Eltern und ErzieherInnen, das Erntedankfest mit seiner Fülle von Gaben, St. Martin mit Laternenumzug, oder die Adventszeit mit Nikolaus und Weihnachten.

Ein besonderes Fest ist der Geburtstag eines jeden Kindes. Hier ist es wichtig, dass jedes Kind immer wieder das gleiche Ritual mit persönlicher Note erhält, das fordern die Kinder ein (➤ vgl. S. 48).

Hinweis: Weitere Anregung zum Gestalten des Geburtstagsfestes in: „Kinder – wir feiern Geburtstag", Sybille Günther (➤ siehe Anhang S.124)

Zeit zum Abschiednehmen

Der Abschied gestaltet sich wie das Ankommen, auch hier ist es schön, wenn alle noch mal zusammenkommen, mit einem Abschiedslied, mit der Vorausschau für den nächsten Tag, was morgen gemacht wird, was die Kinder mitbringen können, endet der gemeinsame Tag. Klingeln die ersten Eltern an der Türe, tauschen sich Eltern und Erzieher aus, was das Kind gemacht hat. Das Kind wird mit einbezogen, es zeigt vielleicht den Eltern erst noch etwas, oder muss noch „fertig spielen"... Ein beliebtes ritualisiertes Spiel in meiner Kindergruppe war, sich vor den Eltern zu verstecken. Die Eltern spielten dann mit und das Kind war begeistert darüber.

Zeit für Eltern – Elternarbeit

Für den gemeinsamen Auftrag, Kinder unter Drei zu begleiten, zu unterstützen, damit das Kind sich optimal entwickeln kann, ist eine Zusammenarbeit von Eltern und anderen begleitenden Bezugspersonen unerlässlich! Das Kind will spüren, dass sich ihre nächsten Bezugspersonen verstehen. Eltern brauchen die Sicherheit, dass ihr Kind gut versorgt ist. Dafür braucht es Transparenz der Einrichtung und eine gute Informationsarbeit gegenüber der Elternschaft. Eltern, die ein gutes Gefühl haben, ihr Kind in gute Hände zu geben, vermitteln auch den Kindern dieses gute, sichere Gefühl. Die Arbeit einer Einrichtung hat die Bedürfnisse der Eltern zu berücksichtigen, darum sollen Eltern Mitspracherecht genießen in allen wichtigen Grundsatzfragen. Eltern und Erzieher brauchen Möglichkeiten der Begegnung, damit Vertrauen aufgebaut wird. Das Beste ist, sich zu Festen und gemeinsamen Aktionen zu treffen, damit eine persönliche Beziehung aufgebaut werden kann. Eltern, die Beratung wünschen, sollten in der Einrichtung auch auf ein offenes Ohr stoßen. Aufgrund der Fachkompetenz der ErzieherInnen sind diese auch in der Lage, besondere Weiterbildungsangebote für Eltern zu veranstalten. Standards sind:

- Eine Konzeption der Einrichtung
- Regelmäßige Elternabende, um über die Arbeit und die Planung zu berichten, um gemeinsame Aktionen zu planen.
- Persönliche, vor allem das Kind betreffende Elterngespräche können jederzeit nach Terminabsprache mit der Erzieherin geführt werden.
- Einen regelmäßigen Infobrief, in dem die geleistete Arbeit transparent gemacht wird und der den Eltern die Gelegenheit gibt, sich an Projekten zu beteiligen.
- Wichtig ist eine Infotafel mit den aktuellen Terminen. Diese kann auch von Eltern zum Austausch untereinander genutzt werden, um beispielsweise Kinderkleidung oder Spielzeug, das im eigenen Haushalt nicht mehr gebraucht wird, günstig an Miteltern abzugeben.

Portfolioarbeit – Das Tagebuch

Viel wird über Portfolioarbeit gesprochen. Hierbei wird die Entwicklung des Kindes dokumentiert. Persönlicher finde ich es, wenn für jedes Kind ein Tagebuch geschrieben wird, ganz so wie daheim. Hierin stehen Anekdoten des Kindes, erste Worte, besonders witzige Sprüche, herausragende Ereignisse, stolze Leistungen. Hierin werden – wie daheim – Fotos eingeklebt oder erste gemalte Bilder von Urknäueln, Kreuzen und vielleicht dem ersten Kopffüßler. Dieses Buch sollte nur Positives über das Kind enthalten und von seinen Fähigkeiten berichten, denn es ist ja auf dem Weg und sollte warmherzig und geduldig begleitet werden!

Übrigens: Ein wichtigstes Bildungsziel hätte ich fast vergessen! Um die Lust am Leben und Lernen zu vermitteln, braucht es vor allem Humor. Drum seien Sie vor allem „kindisch" mit den Kindern!!!

ANHANG

Alphabetisches Register der Spiel- und Bildungsangebote

„Nutzgarten auf der Fensterbank" 92
Abzählreime 86
An – Aus 88
Arbeitsplatz Haushalt 96
Auftrag erfüllen 64
Aufzug fahren 37
Babyschaukel 53
Balance halten 56
Barfuß sein 99
Bauen und Konstruieren 96
Bäuerchen locken 50
Begehbares Bilderbuch 64
Begrüßung und Abschied 39
Besuch eines Bauernhofes 93
Bilder Malen 77
Blumenwunder 91
Bungeejumping 37
Dämme bauen 48
Das Amselnest 94
Das Feuer vom Himmel holen 88
Das Zimmer als Farbzuordnungsspiel 86
Das Zimmer als Formensortierbox 85
Dem Spielen Raum geben 40
Den Frühling suchen .99
Die Deckbettenbahn .96
Die gute alte Knopfschachtel 55
Die mobile Röhrenbahn 96
Die Natur nach drinnen holen 99
Die Sonne beobachten 88
Die Spieleinrichtung .40
Eigenes Tier-Bilderbuch 93
Einfache Massagen .50
Einfache Melodien summen 33

Einfaches Kasperltheater 66
Einräumen – Ausräumen 55
Erste Bilderbücher 66
Erste Karussellspiele 51
Erste Puppenspiele .45
Erste Rhythmikstunden 74
Erste Spiel- und Tanzlieder 73
Erster Trommelworkshop 71
Erstes Spielen mit Material 51
Erzählstunden 67
Etwas im Raum verstecken 84
Farbe ins Wasser 91
Feuer und Wasser 91
Finger im Mund 63
Fingerschnappen 35
Fingerspiele 65
Flaschenxylophon 91
Fliegen wie die Vögel 100
Frei strampeln 99
Freiheit auf der Wickelkommode 51
Fühlbäder 77
Fühlschlange 81
Galoppieren wie die Pferde 100
Gedichte 67
Gegensätzliche Bedürfnisse regeln 42
Gemeinsam erste Bilderbücher kucken 41
Gemeinsam Jahresfeste erleben 48
Gemeinsam malen und kleben 46
Gemeinsam mit Kuscheltieren und
 Fingerpuppen spielen 42
Gemeinsame Mahlzeiten 44
Gemeinsame Spiele im Planschbecken 43
Gemeinsame Spiele im Schwimmbad 48

Geräusche raten	.84
Gespielter Wetterbericht	.89
Gestalten der Badesituation	.50
Getragen werden	.34
Greif- und Hantierspiele	.58
Grimassenschneiden	.63
Hängematte	.53
Hänschen klein an der Hand	.56
Hebespiele	.51
Heulrohr	.75
Höhlen bauen	.46
Hopsespiele	.36
Ineinanderstecken – Auseinandernehmen	.55
Jahreszeitenlieder	.74
Karussell fahren	.47
Karussell	.57
Kataloge reißen	.77
Kinder trösten	.34
Kinderdisco	.75
Klangdusche	.69
Klangschale	.70
Klangwürfel	.69
Klatschen	.71
Kleben	.79
Kleisterbilder	.78
Kneten	.78
Körpergröße messen	.95
Körperumrisse malen	.95
Krabbelsack	.84
Krachmache-Band(e)	.75
Kreativ mit Banane, Tomate & Co.	.77
Kugelbahn im Sandkasten	.96
Kuschel-Kitzelspiele	.42
Lagerfeuer	.88
Lauf zu mir	.57
Licht im Haus untersuchen	.88
Lustige Reime	.65
Machen lassen	.58
Malen	.79
Matschen	.77
Mäuschen im Maisfeld	.100
Mengen teilen	.86
Mengen wiegen	.86
Mengen	.86
Mimik verstärken	.63
Mit dem Bollerwagen unterwegs	.98
Mit vereinten Kräften	.56
Mit Zehen spielen	.51
Mund auf Bauch blasen	.36
Musik mit dem Körper	.75
Nachahmen	.63
Nachziehtiere	.57
Nussschiffchen	.90
Ocean Drum	.70
Optische Phänomene	.83
Orale Wahrnehmung	.63
Persönliche Lieder für einen schönen Tag	.33
Pflanzen im Zimmer	.92
Puppenkarren	.57
Pupse schütteln	.50
Pustebilder	.79
Rainstick	.70
Rasseln und Schellen	.71
Rindenbilder	.92
Rituale I	.39
Rühren	.55
Rührtrommeln	.71
Runterfallen lassen – aufheben	.55
Rutschen	.47
Sachen geben	.55
Sand und Wasser	.100
Sandkastenspiele	.43
Schatten fangen	.88
Schaukelspiele	.47
Schaukelspiele	.51
Schellenmännchen tragen	.57
Schiebetiere	.57
Schmieren	.77
Schneiden	.79
Seifenblasen herstellen	.90
Siebdruckbilder	.79
So tun als ob	.45
Sommerfreuden	.100
Spaziergang auf großen Füßen	.56
Spiel mit Finger- und Handpuppen	.66
Spiel- und Bewegungslieder	.72
Spiellieder im Kreis	.74
Sprachliches Begleiten	.63
Stille hören	.84
Stimmspiele	.36
Stutzebock	.35
Tanzbändertanz	.75
Taschenlampenspiel	.88
Tastbretter	.82
Tastschalen	.82
Tiefe Tunnel graben	.48
Tiere auf dem Bauernhof	.93
Tiere im Bilderbuch	.94

Tiere im Winter	.94
Tiere kennen und verstehen	.93
Tüchertanz	.75
Unsinnsreime	.67
Variables Bällchenbad	.53
Walderlebnisse	.92
Was fehlt denn da?	.84
Was ist verändert?	.84
Wasser messen	.86
Wasser und Technik	.91
Wassermusik	.91
Weitere Tiere kennen lernen	.94
Wie macht die Katze?	.66
Wiegen, wiegen	.34
Wiesenrollen	.100
Wir bauen eine Sonnenuhr	.88
Wir machen gemeinsam Musik	.72
Wir spielen mit Autos	.46
Wir spielen mit Bauernhoftieren	.46
Wir spielen Tiere	.46
Wo ist was?	.64
Xylophon	.71
Zirkus spielen	.59
Zungen prusten	.36
Zwerge im Herbstwald	.98

Zur Autorin

Sybille Günther, Erzieherin, Diplom Sozialpädagogin, Spieldozentin und freiberufliche Autorin, lebt und arbeitet in Neckargemünd bei Heidelberg. Seit 35 Jahren beschäftigt sie sich mit der Weiterentwicklung des pädagogischen Ansatzes von der „Erziehung" hin zur kompetenten „Unterstützung" und „Lebensbegleitung" von Kindern auf ihrem Lern- und Erkenntnisprozess der Welterkundung. Dies bringt sie, neben der Veröffentlichung von theoretisch fundierten fachpraktischen Büchern, vor allem durch viele Veröffentlichungen spielpädagogischer Bücher zum Ausdruck. Hier vertritt sie einen ganzheitlichen Erlebnisansatz, denn: je mehr Sinneskanäle beim Lernen beteiligt sind, umso besser setzt sich Gelerntes als Erfahrung im Gedächtnis!

Ihre Erkenntnisse zu diesem Buch gewann sie, neben der zwanzigjährigen Vermittlung der Entwicklung des Kindes in den ersten drei Lebensjahren in einer Fachschule für Sozialpädagogik, vor allem aus den Erfahrungen als Mutter ihrer beiden Töchter Lotte (24) und Marlene (18) und als Tagesmutter.

Sybille Günther gibt bundesweit Fortbildungen für im sozialpädagogischen Bereich tätige Fachkräfte. Kontakt über ihre Homepage: www.sybille-guenther.de.

Bisher erschienen von Sybille Günther folgende Bücher im Ökotopia Verlag:
Iftah ya sim sim · Das Zauberlicht · Feuerwerk und Funkentanz · Snoezelen · Von Räubern Dieben und Gendarmen · Bei Zwergen Elfen und Trollen · Hallo Halloween · Helau, Alaaf und gute Stimmung · Großes Einmaleins für kleine Zauberer und Hexen · Hereinspaziert – Manege frei! · Lichterfeste · Wilde Stämme · In Projekten spielend lernen · Frühlingsluft und Sonnentanz · Hoppla: Hip-Hop 4 kids · Willkommen im Kindermärchenland · Ritterburg und Königsschloss · Kinder, wir feiern Geburtstag

Kontakt zu Sybille Günther über ihre Homepage: www.sybille-guenther.de

Bedanken möchte ich mich besonders bei allen
Kindern, Eltern und Mitarbeiterinnen
aus der Kinderkrippe Vogelnest e.V. Appenweier,
die uns mit ihren vielen Fotos
Einblicke in ihren bunten Alltag ermöglicht haben.

GABIP
Das ganzheitliche Bildungsdokumentations-Programm

JETZT NEU!

KundInnenstimmen

„Ich habe das Programm schon über ein Jahr und finde es total toll, es ist eine unwahrscheinliche Erleichterung bei der Entwicklungsdokumentation eines Kindes. Weiter so!!!"

„Wir haben in diesem Jahr all unsere Bildungsdokus mit Hilfe von GABiP geschrieben und sind begeistert von der Zeitersparnis und von der Möglichkeit Dinge zu verändern. Herzlichen Dank."

„Habe GABiP bei einer Kollegin kennengelernt, bin begeistert. Danke für die Arbeitserleichterung!"

„Meine Kolleginnen und ich nutzen das Programm nun seit ein paar Wochen und sind sehr zufrieden und begeistert, wie einfach das Programm gestaltet ist."

GABIP ist eine Software zur Erstellung professioneller Bildungsdokumentationen in Krippen, Kindertageseinrichtungen, Familienzentren, Offenen Ganztagsschulen (OGS) – für alle, die Dokumentationen über Kinder erstellen, und für Tagesmütter und -väter.

GABIP 1
für Krippen, Kindertageseinrichtungen, Familienzentren und Offene Ganztagsschulen (OGS)
0–12 Jahre

90,00 € (D)
90,00 € (A) / 153,00 SFr
Bestell-Nr. 14000

GABIP 2
Spezielle Version zugeschnitten auf die Bedürfnisse von Tagesmüttern und -vätern
0–3 Jahre

45,00 € (D)
45,00 € (A) / 77,00 SFr
Bestell-Nr. 14001

 Über 2.300 Einrichtungen arbeiten bereits mit GABIP.
 120 Fachschulen nutzen GABIP im Unterricht und im Blockpraktikum.
 GABIP aus der Praxis – für die Praxis.

Weitere Infos unter www.gabip.de

GABIP ist exklusiv erhältlich beim Ökotopia Verlag
Postfach 7777, 33310 Gütersloh
☎ (0800) 6568674 FREECALL

Kinder begeistern ...
mit Liedern, Tänzen und Geschichten aus dem Ökotopia Verlag

Kinder einer Welt
Die schönsten Kinderlieder aus aller Welt

Eine musikalische Weltreise für Groß und Klein! Landestypische Instrumente, vielfältige Rhythmen und ungewohnte Melodien führen akustisch auf die Spuren anderer Kulturen und wecken auf spielerische Weise kindlichen Entdeckergeist.
ISBN (CD): 978-3-936286-91-5

Kinder kommen zur Ruhe
Die schönsten Melodien zum Entspannen, Einschlafen und Träumen

Entspannungsmusiken für Kinder stimmig zusammengestellt. Sie sind fast alle instrumental produziert, können also einfach zur Ruhe gehört werden. Eine Anleitung im Booklet gibt zusätzliche Anregungen.
ISBN (CD): 978-3-936286-92-2

Kinder kommen in Bewegung
Die schönsten Lieder zum Toben, Tanzen und Bewegen

Eine bunte Zusammenstellung der schönsten Bewegungslieder. Nicht nur in Kita und Grundschule, sondern auch im Kinderzimmer darf laut gesungen, wild getanzt, gehüpft und gesprungen werden!
ISBN (CD): 978-3-86702-009-1

Kinder kommen in Stimmung
Die schönsten Lieder zum Feiern, Bewegen und Ausgelassensein

Eine beschwingte Sammlung von Partyknüllern: Lieder, die schnell mitgesungen werden, Lieder zu bestimmten Anlässen, Spiellieder oder Lieder zum Tanzen, sich Bewegen und Rappen und viele mehr.
ISBN (CD): 978-3-86702-024-4

Lieder für kleine Kinder
Die schönsten Lieder für die Kleinsten

Eine wunderschöne Zusammenstellung für jeden Anlass. Einfache Texte und kindgerechte Arrangements motivieren die Kleinsten zum Mitmachen und Bewegen.

ISBN (CD) 978-3-86702-091-6

Weltmusik für Kinder

Lieder zum Thema aus dem Repertoire der Gruppe „Karibuni" um Pit Budde und Josephine Kronfli mit Liedern aus allen Erdteilen. Alle Lieder sind in den Originalsprachen und der deutschen Übertragung in leicht sing- und spielbarer Form mit Noten und Gitarrengriffen notiert.
ISBN (CD): 978-3-86702-081-7
Und dazu das Liederbuch
ISBN (Buch): 978-3-86702-080-0

Spiele und Förderung für die Kleinsten
Ökotopia Verlag

E-Mail: info@oekotopia-verlag.de
http://www.oekotopia-verlag.de
und www.weltmusik-fuer-kinder.de

SPIEL & RAT
Almuth Bartl

Babys SpieleSpaß

111 Ideen, nützliche Tipps und Anregungen für die Kleinsten

ISBN: 978-3-86702-019-0

Bettina Ried

Eltern turnen mit den Kleinsten

Anleitungen und Anregungen zur Bewegungsförderung von Kindern von 1-4 Jahren

ISBN: 978-3-925169-89-2

Sabine Hirler

Kinder brauchen Musik, Spiel und Tanz

Bewegt-musikalische Spiele, Lieder und Spielgeschichten für kleine und große Kinder

ISBN (Buch): 978-3-931902-28-5
ISBN (CD): 978-3-931902-29-2

Sybille Günther

Krippenkinder begleiten, fördern, unterstützen

Über 200 gezielte, spielerische Angebote für Kinder von 0 bis 3 Jahren

ISBN: 978-3-86702-063-3

Gisela Mühlenberg

Kritzeln, Schnipseln, Klecksen

Erste Erfahrungen mit Farbe, Schere und Papier und lustige Ideen zum Basteln mit Kindern ab 2 Jahren

ISBN: 978-3-925169-96-0

Wolfgang Hering

Kunterbunte Fingerspiele

Fantastisch viele Spielverse und Bewegungslieder für Finger und Hände

ISBN (Buch): 978-3-936286-98-4
ISBN (CD): 978-3-936286-99-1

Wiebke Kemper

Rasselschwein & Glöckchenschaf

Mit Orff-Instrumenten im Kinder- und Musikgarten spielerisch musizieren – für Kinder ab 2

ISBN (Buch): 978-3-936286-17-5
ISBN (CD): 978-3-936286-18-2

Margarita Klein

Schmetterling und Katzenpfoten

Sanfte Massagen für Babys und Kinder

ISBN: 978-3-931902-38-4

E. Gulden, B. Scheer

Singzwerge & Krabbelmäuse

Frühkindliche Entwicklung musikalisch fördern mit Liedern, Reimen, Bewegungs- und Tanzspielen für zu Hause, für Eltern-Kind-Gruppen, Musikgarten und Krippen

ISBN (Buch): 978-3-936286-36-6
ISBN (CD): 978-3-936286-37-3

Johanna Friedl

Spiele für die Kleinsten

Eine bunte Sammlung von abwechslungsreichen Spielideen für Kinder ab 1 Jahr

ISBN: 978-3-86702-058-9

Jakobine Wierz

Vom Kritzel-Kratzel zur Farbexplosion

Kindliche Mal- und Gestaltungsfreude verstehen und fördern – mit zahlreichen praktischen Anregungen von 2 bis 10 Jahren

ISBN 978-3-936286-42-7

Birgit Kasprik

Wi-Wa-Wunderkiste

Mit dem Rollreifen auf den Krabbelberg – Spiel- und Bewegungsanimation für Kinder ab einem Jahr

ISBN: 978-3-925169-85-4

H.E. Höfele, S. Steffe
In 80 Tönen um die Welt
Eine musikalisch-multikulturelle Erlebnisreise für Kinder mit Liedern, Tänzen, Spielen, Basteleien und Geschichten

ISBN (Buch): 978-3-931902-61-2
ISBN (CD): 978-3-931902-62-9

Susanne Steffe
Mit 80 Kindern um die Welt
So leben Kinder anderswo: bunte Geschichten, Lieder und Spielaktionen

ISBN (Buch): 978-3-86702-052-7
ISBN (CD): 978-3-86702-053-4

oekotopia-verlag.de

Ökotopia-Shop im Internet
http://www.oekotopia-verlag.de

www.weltmusik-fuer-kinder.de

Miriam Schultze
Didgeridoo und Känguru
Eine spielerische Reise durch Australien

ISBN (Buch): 978-3-931902-67-4
ISBN (CD): 978-3-931902-68-1

Hartmut E. Höfele, Susanne Steffe
Europa in 80 Tönen
Eine multikulturelle Europareise mit Liedern, Tänzen, Spielen und Bräuchen

Sybille Günther
iftah ya simsim
Spielend den Orient entdecken

ISBN (Buch): 978-3-931902-87-2
ISBN (CD): 978-3-931902-88-9

ISBN (Buch): 978-3-931902-46-9
ISBN (CD): 978-3-931902-47-6

Ökotopia-Verlag
Hafenweg 26a
D-48155 Münster
Tel.: 02 51- 4 81 98 -0
Fax: 02 51- 4 81 98 -29
E-MaiL: info@oekotopia-verlag.de

Johnny Lamprecht
Afrika bewegt uns
mit Bewegungsspielen, Spielliedern und Tänzen für Kinder

G. Schreiber, P. Heilmann
Karibuni Watoto
Spielend Afrika entdecken

ISBN (Buch) 978-3-86702-084-8
ISBN (Doppel-CD) 978-3-86702-085-5

ISBN (Buch): 978-3-931902-11-7
ISBN (CD): 978-3-931902-12-4

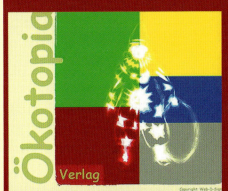

Mit-Spiel-Lieder und Bücher
aus dem
Ökotopia Verlag
Hafenweg 26a · D-48155 Münster
www.oekotopia-verlag.de

Sprachförderung

Elke Schlösser
Sprachliche Entwicklung fördern von Anfang an!
Grundlagen und Praxisanregungen zur Sprachstärkung unter Dreijähriger in Familie, Tagespflege, Kindertageseinrichtung und Familienzentrum
ISBN (Buch) 978-3-86702-100-5

…dazu das MediaBook:
Ralf Kiwit · Elke Schlösser
Sprechen, singen, spielen mit den Kleinsten
Sprachliche Entwicklung spielerisch und musikalisch fördern
ISBN (MediaBook) 978-3-86702-101-2

Elke Schlösser
Wir verstehen uns gut
Spielerisch Deutsch lernen – Methoden und Bausteine zur Sprachförderung für deutsche und zugewanderte Kinder als Integrationsbeitrag in Kindergarten und Grundschule
ISBN (Buch) 978-3-931902-76-6

…dazu der Tonträger:
Wir verstehen uns gut
Lieder zur Sprachförderung

Die CD bietet allen, die in der Sprachförderung tätig sind, eine qualitativ hochwertige Auswahl von Liedern zur Sprachförderung.
ISBN (CD) 978-3-86702-018-3

Monika Krumbach
Das Sprachspiele-Buch
Kreative Aktivitäten rund um Wortschatz, Aussprache, Hörverständnis und Ausdrucksfähigkeit

ISBN 978-3-936286-44-1

Conny Frühauf, Christine Werner
Hört mal, was da klingt!
Spielerische Aktionen mit Geräuschen, Klängen, Stimme und Musik zur Förderung des Hörsinns
ISBN 978-3-86702-005-3

Wolfgang Hering
Kunterbunte Fingerspiele
Fantastisch viele Spielverse und Bewegungslieder für Finger und Hände

ISBN (Buch) 978-3-936286-98-4
ISBN (CD) 978-3-936286-99-1

Wolfgang Hering
AQUAKA DELLA OMA
88 alte und neue Klatsch- und Klanggeschichten mit Musik und vielen Spielideen

ISBN (Buch) 978-3-931902-30-8
ISBN (CD) 978-3-931902-31-5

Brigitte Schanz-Hering
Englische Bewegungshits
Die englische Sprache mit Spiel, Rhythmus, Musik und Bewegung erleben und vermitteln
Mit Liedern von Wolfgang Hering
ISBN 978-3-936286-50-2
und dazu die Tonträger:
ISBN (CD) 978-3-936286-51-9
ISBN (Playback-CD) 978-3-936286-52-6

Sigrid Braun
Spaß am Buchstabenlernen mit Lena und Xi
Aktives, kreatives und motivierendes Buchstabenerleben mit allen Sinnen, Begeisterung und Freude für Vorschulkinder

ISBN 978-3-86702-093-0

Volker Friebel, Marianne Kunz
Rhythmus, Klang und Reim
Lebendige Sprachförderung mit Liedern, Reimen und Spielen in Kindergarten, Grundschule und Elternhaus

ISBN (Buch) 978-3-936286-61-8
und dazu der Tonträger
ISBN (CD) 978-3-936286-62-5

Heike und Werner Tenta
Das große ABC-Buch
Malen, Spielen, Basteln, Reimen rund um das Alphabet

ISBN 978-3-86702-043-5